推し活に必ず役立つ

ぴ たり韓 語

어덕행덕

어차피 덕질할 거
행복하게 덕질하자

著・宍戸奈美
イラスト・さめない

KADOKAWA

はじめに

たくさんの韓国語学習書の中から、
本書を手に取っていただきありがとうございます。

この本は、「推し活を楽しむために
本当に必要な言葉は何なのか」を考え続けてできた、
学習初心者のための単語・フレーズ集です。

字幕や自動翻訳を見ても意味がしっくりこない。
推しができたけど、韓国アイドル文化がわからない。
言葉がわかればもっと推し活を楽しめるのに。

そんな思いを持った人にぜひ読んでほしい1冊です。

生きた韓国語を収録するために、
ネイティブの方から
よく使う言葉や、細かなニュアンスなどを
何度もヒアリングしながら制作しました。
その分、とてもリアルな言葉ばかりが
並ぶ内容になっているはずです。

著者である私も、韓国アイドルが大好きで
四六時中コンテンツを追いかけて韓国語を学びました。
その当時の自分に手渡したいと思える本になったと思います。

また、イラストレーターのさめないさんによる
勉強のモチベーションがグンと上がる、
素敵なイラストにもぜひ注目してください。

読者のみなさんが、
自分の「好き」から始まる学びを
思う存分楽しんでもらえれば、
そして本書がそのサポートとなれれば
何よりもうれしいです。

宍戸奈美

本書の特徴

POINT

1 リアルな言葉がわかる

学習の基本となる単語以外にも、ネイティブが実際に使っている単語や言い回しを数多く収録しています。韓国語は略語がとても多いことが特徴ですが、それに重きを置いた学習書は多くはありません。本書では、元となっている言葉と略語の両方をなるべくピックアップすることを意識して制作しました。

POINT

2 韓国アイドル文化が学べる

「初めて韓国アイドルの推しができた」という人は、韓国アイドル文化の奥深さに驚くことでしょう。日本と似た文化もあれば、まったく異なるものもあり、使用されている言葉も独特です。日本人にはなじみのない言葉については丁寧な補足をして、文化理解からサポートしています。

POINT

3 イラストでモチベアップ

リアルな韓国アイドル文化を表現したイラストを添えることで、シチュエーションを想起しやすく、また勉強のモチベーションが上がるよう工夫しています。「好き」から始まる勉強だからこそ、「好き」を保ったまま楽しく学んでほしいという思いを込めました。

略語があるものには「略語」を、略語しか使われていない場合には「元の言葉」を吹き出しで掲載

※文字を縮めた短縮語などの略語はP38に一覧でまとめ、会話での使用頻度が高い略語を中心にまとめています

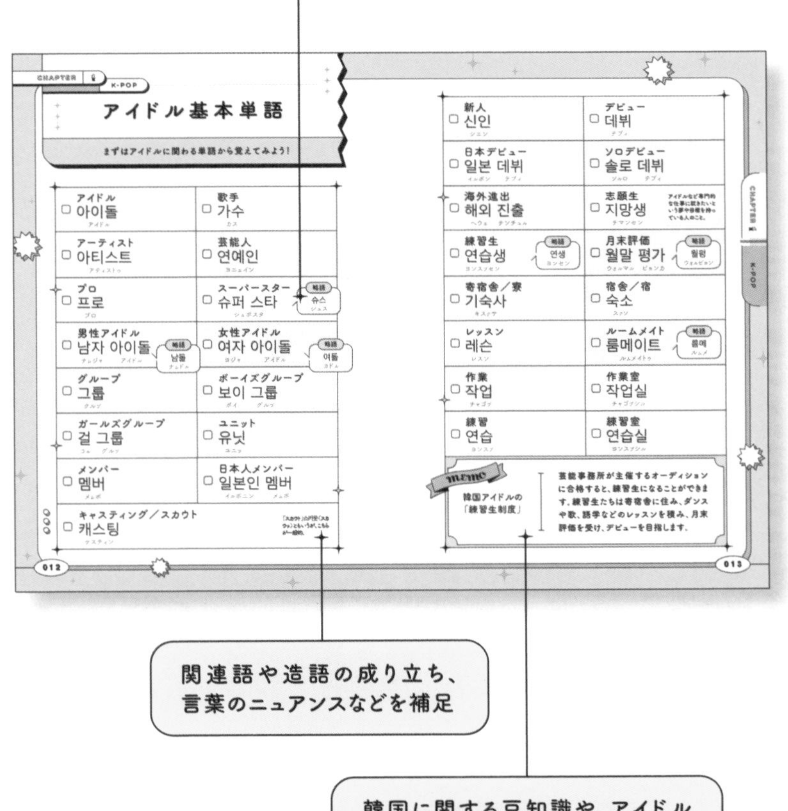

関連語や造語の成り立ち、言葉のニュアンスなどを補足

韓国に関する豆知識や、アイドル文化の解説をメモに掲載

contents

CHAPTER 2 推し活

CHAPTER 3 テレビ・動画

STAFF
カバーデザイン/西垂水敦・内田裕乃(krran)
本文デザイン/マツヤマ チヒロ(AKICHI)
校正/韓興鉄、株式会社文字工房燦光
DTP/G-clef、Office STRADA
編集/小向佳乃

CHAPTER

1

K-POP

アイドル基本単語

まずはアイドルに関わる単語から覚えてみよう！

□ アイドル 아이돌 アイドゥ	□ 歌手 가수 カス
□ アーティスト 아티스트 アティストゥ	□ 芸能人 연예인 ヨニェイン
□ プロ 프로 プロ	□ スーパースター 슈퍼 스타 シュポスタ 略語 슈스 シュス
□ 男性アイドル 남자 아이돌 ナムジャ アイドゥ 略語 남돌 ナムドゥ	□ 女性アイドル 여자 아이돌 ヨジャ アイドゥ 略語 여돌 ヨドゥ
□ グループ 그룹 クルプ	□ ボーイズグループ 보이 그룹 ポイ グルプ
□ ガールズグループ 걸 그룹 コル グルプ	□ ユニット 유닛 ユニッ
□ メンバー 멤버 メムボ	□ 日本人メンバー 일본인 멤버 イルボニン メムボ
□ キャスティング／スカウト 캐스팅 ケスティン 「スカウト」스카웃（スカウッ）ともいうが、こちらが一般的。	

新人 ☐ 신인 シニン	デビュー ☐ 데뷔 テブィ
日本デビュー ☐ 일본 데뷔 イルボン テブィ	ソロデビュー ☐ 솔로 데뷔 ソルロ テブィ
海外進出 ☐ 해외 진출 ヘウェ チンチュル	志願生 ☐ 지망생 チマンセン アイドルなど専門的な仕事に就きたいという夢や目標を持っている人のこと。
練習生 ☐ 연습생 ヨンスプセン 略語 연생 ヨンセン	月末評価 ☐ 월말 평가 ウォルマル ピョンカ 略語 월평 ウォルピョン
寄宿舎／寮 ☐ 기숙사 キスクサ	宿舎／宿 ☐ 숙소 スクソ
レッスン ☐ 레슨 レスン	ルームメイト ☐ 룸메이트 ルムメイトゥ 略語 룸메 ルムメ
作業 ☐ 작업 チャゴプ	作業室 ☐ 작업실 チャゴプシル
練習 ☐ 연습 ヨンスプ	練習室 ☐ 연습실 ヨンスプシル

MEMO

韓国アイドルの「練習生制度」

芸能事務所が主催するオーディションに合格すると、練習生になることができます。練習生たちは寄宿舎に住み、ダンスや歌、語学などのレッスンを積み、月末評価を受け、デビューを目指します。

CHAPTER 1

K-POP

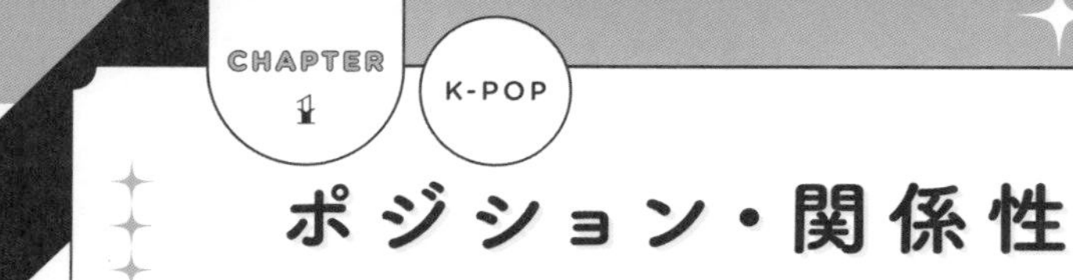

ポジション・関係性

グループ内での役割やメンバー同士の関係性を表現できる!

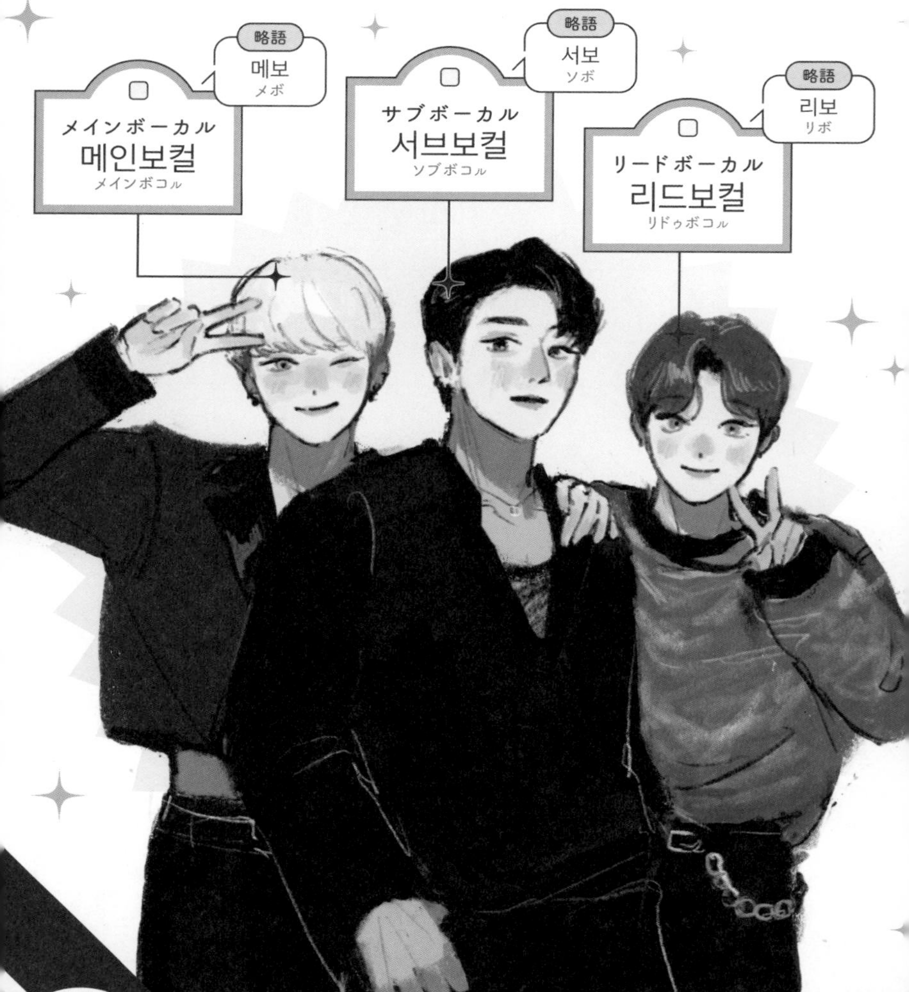
メインボーカル
메인보컬
メインボコル
略語
메보
メボ
サブボーカル
서브보컬
ソブボコル
略語
서보
ソボ
リードボーカル
리드보컬
リドゥボコル
略語
리보
リボ

ポジション
포지션
ポジション
メインダンサー
메인댄서
メインデンソ
略語
메댄
メデン
メインラッパー
메인래퍼
メインレポ
略語
메랩
メレプ
リードダンサー
리드댄서
リドゥデンソ
略語
리댄
リデン

最年長の兄／長男 □ 맏형 マティョン	最年長の姉／長女 □ 맏언니 マドンニ
末っ子 □ 막내 マンネ	同い年 □ 동갑 トンガプ
最年長末っ子コンビ □ 맏막즈 マンマクチュ	先輩 □ 선배 ソンベ
後輩 □ 후배 フベ	○○組 □ 라인 ライン ポジションや生まれ年が同じメンバーの組み合わせのこと。
お兄さん組 □ 형 라인 ヒョン ライン	末っ子組 □ 막내 라인 マンネ ライン

相性のいいコンビ
□ 케미
ケミ

素晴らしいケミストリー（化学反応）を起こすコンビという意味。

末っ子のように愛らしい最年長
□ 맏내
マンネ

「長子」맏이（マジ）＋「末っ子」막내（マンネ）

グループ内での権力が強い末っ子
□ 막내온탑
マンネオンタプ

直訳は「末っ子 on top」。

MEMO

アイドルの独特な呼び名

「一般人も虜にするメンバー」を意味する머글킹（モグルキン）。これは「一般人」の俗語머글（モグル）とkingを合わせた造語です。アイドルの呼び名は面白いものが多いのでぜひ調べてみてください。

事務所・スタッフ

アイドルを近くで支え、より輝かせるスタッフさんたち！

芸能事務所／企画会社 □ 연예 기획사 ヨニェ キフェクサ 「所属している会社」という意味の소속사（ソソクサ）もよく使われる。	
会社 □ 회사 フェサ	社屋 □ 사옥 サオク
代表 □ 대표 テピョ	通訳 □ 통역 トンヨク
スタッフ □ 스탭 ステプ	マネージャー □ 매니저 メニジョ
儀典チーム □ 의전 팀 ウィジョン ティム アイドルの身の回りの世話をするマネージャーチームのこと。	振付師 □ 안무가 アンムガ
作曲家 □ 작곡가 チャッコッカ	作詞家 □ 작사가 チャクサガ
メイクアップアーティスト □ 메이크업 아티스트 メイクオプ アティストゥ	スタイリスト □ 스타일리스트 スタイルリストゥ
ヘア・メイク・コーディネート □ 헤어 메이크업 코디네이트 ヘオ メイクオプ コディネイトゥ 略語 헤메코 ヘメコ	

スケジュール

カムバック中は寝られないほど目まぐるしいスケジュール！

スケジュール □ 스케줄 スケジュル 略語 스케 スケ	日程 □ 일정 イルチョン
準備 □ 준비 チュンビ	準備期間 □ 준비 기간 チュンビ キガン
ボーカルレッスン □ 보컬 레슨 ポコル レスン	ダンスレッスン □ 댄스 레슨 テンス レスン
語学レッスン □ 언어 레슨 オノ レスン	路上ライブ □ 버스킹 ポスキン 「大道芸」を意味する英語のbuskingが由来。
活動 □ 활동 ファルトン	活動期間 □ 활동 기간 ファルトン キガン
カムバック □ 컴백 コムベク 新しいアルバムを発表し、プロモーション活動を再開すること。	プロモーション □ 프로모션 プロモション 略語 프로모 プロモ
コンセプトフォト □ 콘셉트 포토 コンセプトゥ ポト 略語 컨포 コンポ 作品のコンセプトに合わせて撮影された写真のこと。	
ショーケース □ 쇼케이스 ショケイス 略語 쇼케 ショケ コンサート形式によるデビュー前のアイドルや新曲のお披露目会。	

録音 □ 녹음 ノグム 「レコーディング」という意味でも使われる。	撮影 □ 촬영 チュァリョン
テレビ □ 티비 ティビ	ラジオ □ 라디오 ラディオ
出勤 □ 출근 チュルグン	退勤 □ 퇴근 トゥェグン
出勤途中 □ 출근길 チュルグンキル	退勤途中 □ 퇴근길 トゥェグンキル アイドルの出勤・退勤途中の映像がアップされることも。
インタビュー □ 인터뷰 イントビュ 略語 인텁 イントプ	舞台あいさつ □ 무대 인사 ムデ インサ
行事／イベント □ 행사 ヘンサ	始球式 □ 시구식 シグシク
大学祭 □ 대학 축제 テハク チュクチェ	ブランドイベント □ 브랜드 행사 プレンドゥ ヘンサ

MEMO

ファン待望！約1か月間の「カムバック」

韓国アイドルがアルバムをリリースして活動期間を再開することを「カムバック」といいます。
活動期間中は、基本的に音楽番組やサイン会、ラジオなどに約1か月間出演し、新曲のプロモーションを行います。それが終わると、次の新しいアルバム制作のために準備期間に入ります。

ニュース・スキャンダル

うれしかったり悲しかったり。注目を集めるアイドルのあれこれ。

発表 □ 발표 パルピョ	解散 □ 해체 ヘチェ
脱退 □ 탈퇴 タルトゥェ	引退 □ 은퇴 ウントゥェ
活動休止 □ 활동 중단 ファルトン チュンダン 略語 활중 ファルチュン	活動再開 □ 활동 재개 ファルトン チェゲ
休息期間 □ 휴식 기간 ヒュシク キガン	契約 □ 계약 キェヤク
契約延長 □ 계약 연장 キェヤク ヨンジャン	契約解除 □ 계약 해제 キェヤク ヘジェ
再契約 □ 재계약 チェギェヤク	完全体 □ 완전체 ワンジョンチェ グループのメンバーが一人も欠けていないこと。
スキャンダル □ 스캔들 スケンドゥル	熱愛 □ 열애 ヨレ
公開恋愛 □ 공개 연애 コンゲ ヨネ	破局 □ 결별 キョルビョル

疑惑 □ 의혹 ウィホク	校内暴力 □ 학교 폭력 ハッキョ　ポンニョク 略語 학폭 ハクポク
犯罪 □ 범죄 ポムジュェ	不仲説 □ 불화설 プルァソル 特定のメンバー同士の仲が悪いと噂されること。
騒動 □ 논란 ノルラン	デモ活動 □ 시위 シウィ
国民提案 □ 국민 제안 クンミン　チェアン 韓国国民が韓国政府に提案を送れるオンラインサービスのこと。	盗撮 □ 도촬 トチュアル
ストーカー □ 스토커 ストコ	謝罪文 □ 사과문 サグァムン
軍隊 □ 군대 クンデ	入隊 □ 입대 イプテ
兵役免除 □ 병역 면제 ピョンヨン ミョンジェ	除隊 □ 전역 / 제대 チョニョク　チェデ 전역は「転役」を意味し、現役から予備役に変わることを指す。
軍白期 □ 군백기 クンベッキ 軍隊入隊により芸能活動ができない空白期間のこと。	兵役を終えた人 □ 군필자 クンピルチャ

MEMO

キャリアの節目
「魔の7年目」

韓国アイドルは基本的に事務所と7年の専属契約を結んでいます。そのため結成7年目でグループ解散やメンバー脱退が発生することも多く、ファンはそれを「魔の7年目」などと呼んでいます。

CD

販売方法、特典、収録曲数……日本と違うところもチェック!

CD
음반
ウムバン

直訳は漢字語の「音盤」。시디(シディ)と表記されることも。

特典
특전
トゥクチョン

歌詞カード
가사지
カサジ

フォトブック
포토북
ポトブク

発売／リリース □ 출시 チュルシ	アルバム □ 앨범 エルボム 韓国ではシングルではなくアルバムをリリースすることが一般的。
フルアルバム □ 정규 앨범 チョンギュ　エルボム	ミニアルバム □ 미니 앨범 ミニ　エルボム
リパッケージアルバム □ 리패키지 앨범 リペキジ　エルボム 略語 리팩 リペク リリースした作品に数曲のボーナストラックを追加したアルバムのこと。	
～集 □ 집 チブ アルバムは、～集という単位で数えられる。数字は漢数字（P160）を使う。	シングル □ 싱글 シングル
デジタルシングル □ 디지털 싱글 ティジトル　シングル 略語 디싱 ティシン	タイトル曲 □ 타이틀곡 タイトゥルゴク
先行曲 □ 선공개 곡 ソンゴンゲ　コク	後続曲 □ 후속곡 フソッコク タイトル曲の次のプロモーションに使われる曲のこと。
カバー曲 □ 커버곡 コボゴク	収録曲 □ 수록곡 スロッコク
タイムテーブル □ 타임 테이블 タイム　テイブル 略語 탐테 タムテ ティザー公開日やCDの販売スケジュールなどをまとめたもの。	
音源公開 □ 음원 공개 ウムォン　コンゲ	前売り □ 선예매 ソニェメ
予約販売 □ 예약 판매 イェヤク　パンメ 略語 예판 イェパン	一般販売 □ 일반 예매 イルバ　ニェメ 略語 일예 イリェ

音楽

世界を魅了するK-POP。ところで「曲」ってなんていう？

音楽 □ 음악 ウマク	曲 □ 곡 コク
音源 □ 음원 ウムォン 韓国アイドル文化では主にデジタル音源のことを指す。	新曲 □ 신곡 シンゴク
名曲 □ 명곡 ミョンゴク 同じ意味で띵곡（ッティンゴク）という新語も使われる。	作詞 □ 작사 チャクサ
作曲 □ 작곡 チャッコク	編曲 □ 편곡 ピョンゴク
プロデュース □ 프로듀스 プロディュス	K-POP □ 케이팝 ケイパプ
歌謡曲 □ 가요곡 カヨゴク	バラード □ 발라드 パルラドゥ
ポップス □ 팝 パプ	ヒップホップ □ 힙합 ヒパプ
イントロ □ 인트로 イントゥロ	サビ □ 후렴 フリョム

パフォーマンス

洗練されたパフォーマンススキルが韓国アイドルの魅力！

パフォーマンス □ 퍼포먼스 ポポモンス 略語 퍼포 ポポ	歌 □ 노래 ノレ
ボーカル □ 보컬 ポコル	ラップ □ 랩 レプ
ダンス □ 댄스 テンス	踊り □ 춤 チュム
振付 □ 안무 アンム	愛嬌 □ 애교 エギョ 「ぶりっ子をすること」に近く、日本語の意味とはニュアンスが違う。
ダンスブレイク □ 댄스 브레이크 テンス ブレイク 略語 댄브 テンブ 曲の間奏で、ダンス中心に展開するパフォーマンスのこと。	
切れ味のあるダンス □ 칼군무 カルグンム 「刃物」칼 カル ＋ 「群舞」군무 クンム	
キリングパート □ 킬링파트 キルリンパトゥ 曲の中で中毒性があり、最も印象的なパートのこと。	
芸の才能 □ 끼 ッキ	ファンサービス □ 팬 서비스 ペン ソビス 略語 팬섭 ペンッソプ

CHAPTER 1 K-POP

コンサート基本単語

チケットや席の種類など、コンサートの基本単語をチェック！

- コンサート
  콘서트
  コンソトゥ
- 公演
  공연
  コンヨン
- ライブ
  라이브
  ライブ
- 単独コンサート
  단독 콘서트
  タンドク　コンソトゥ
  略語：단콘（タンコン）
- コンサート初日
  첫 콘서트
  チョッ　コンソトゥ
  略語：첫콘（チョッコン）
- コンサート最終日
  마지막 콘서트
  マジマク　コンソトゥ
  略語：막콘（マッコン）
- 全ステ
  올콘
  オルコン
- ライブビューイング
  라이브 뷰잉
  ライブ　ビュイン
- ツアー
  투어
  トゥオ
- 日本ツアー
  일본 투어
  イルボン　トゥオ
  略語：일투（イルトゥ）
- ワールドツアー
  월드 투어
  ウォルドゥ　トゥオ
  略語：월투（ウォルトゥ）
- チケット
  티켓 / 표
  ティケッ　ピョ
  切符、票などの意味を持つ표も、「チケット」の意味を持つ。
- チケッティング
  티켓팅
  ティケッティン
  熾烈なチケット争奪戦は「血ケッティング」（피켓팅／ピケッティン）。
- 入場
  입장
  イプチャン
- 退場
  퇴장
  トゥェジャン

区域／エリア □ 구역 クヨク	～列 □ 열 ヨル 「一列目」「列に並ぶ」などの「列」は줄(チュル)を使う。
席 □ 자리 チャリ	座席 □ 좌석 チュアソク
2階席 □ 2층석 イチュンソク	3階席 □ 3층석 サムチュンソク
公演会場 □ 공연장 コンヨンジャン	ステージ □ 무대 ムデ
スクリーン □ 스크린 スクリン	セットリスト □ 세트리스트 セトゥリストゥ 略語 셋리 センリ
アンコールコンサート □ 앵콜 콘서트 エンコル　コンソトゥ 略語 앵콘 エンコン	
かけ声 □ 응원법 ウンウォンポプ	合唱 □ 떼창 ッテチャン 主に「観客が歌手と一緒に歌うこと」を意味する。
応援ボード □ 플래카드 プルレカドゥ 略語 플카 プルカ ファンが手作りする応援用のプラカードのこと。	

「ぶどうの粒」の席を狙え？

「予約可能な席」は、ぶどうの粒を表す포도알(ポドアル)と呼ばれることも。チケッティングの際に、空いている席が紫色でポツポツと表示されるのが、ぶどうの粒に似ていることからきています。

CHAPTER 1

K-POP

かけ声・MC

言葉の意味がすぐにわかったらもっと盛り上がるはず。覚えて損なし!

もう1回！
한 번 더!
ハン ボン ト

もっと大きく！
더 크게!
ト クゲ

叫べ！
소리 질러!
ソリ チルロ

拍手！
박수!
パクス

跳べ！
뛰어!
ットゥィオ

うちわ

うちわに文字を書いて、コンサート中のアイドルにアピールしよう！

□ うちわ 부채 プチェ	□ イメージピケット 이미지 피켓 イミジ　ピケッ
□ ～周年 주년 チュニョン	□ 待ってたよ 기다렸어 キダリョッソ

□ ハート作って
하트 만들어 줘
ハトゥ　マンドゥロ　ジュォ

□ ハート作ってください
하트 만들어 줘요
ハトゥ　マンドゥロ　ジュォヨ

「-줘요」はタメロよりは丁寧で、敬語よりはくだけた語尾表現。

□ 指さして
가리켜 줘
カリキョ　ジュォ

□ 指さしてください
가리켜 줘요
カリキョ　ジュォヨ

□ 手を振って
손 흔들어 줘
ソン　フンドゥロ　ジュォ

□ 手を振ってください
손 흔들어 줘요
ソン　フンドゥロ　ジュォヨ

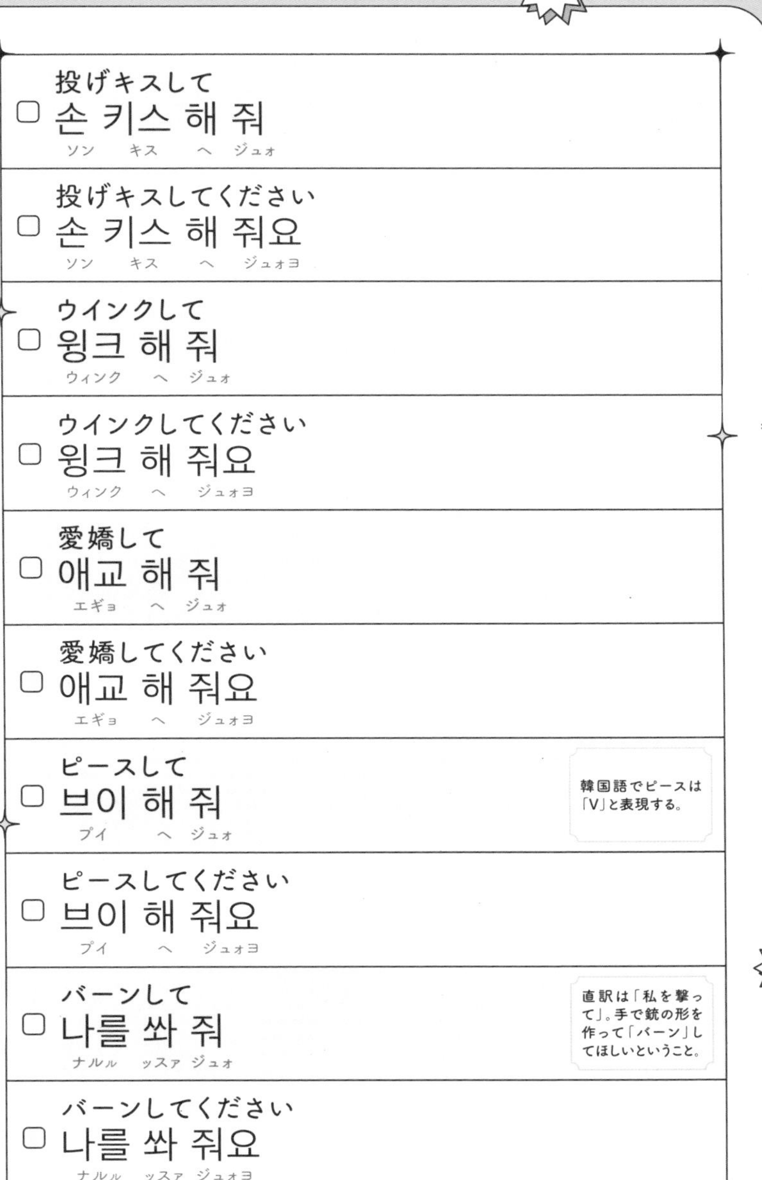

投げキスして
□ 손 키스 해 줘
ソン キス ヘ ジュォ

投げキスしてください
□ 손 키스 해 줘요
ソン キス ヘ ジュォヨ

ウインクして
□ 윙크 해 줘
ウィンク ヘ ジュォ

ウインクしてください
□ 윙크 해 줘요
ウィンク ヘ ジュォヨ

愛嬌して
□ 애교 해 줘
エギョ ヘ ジュォ

愛嬌してください
□ 애교 해 줘요
エギョ ヘ ジュォヨ

ピースして
□ 브이 해 줘
プイ ヘ ジュォ

韓国語でピースは「V」と表現する。

ピースしてください
□ 브이 해 줘요
プイ ヘ ジュォヨ

バーンして
□ 나를 쏴 줘
ナルル ッスァ ジュォ

直訳は「私を撃って」。手で銃の形を作って「バーン」してほしいということ。

バーンしてください
□ 나를 쏴 줘요
ナルル ッスァ ジュォヨ

CHAPTER 1

K-POP

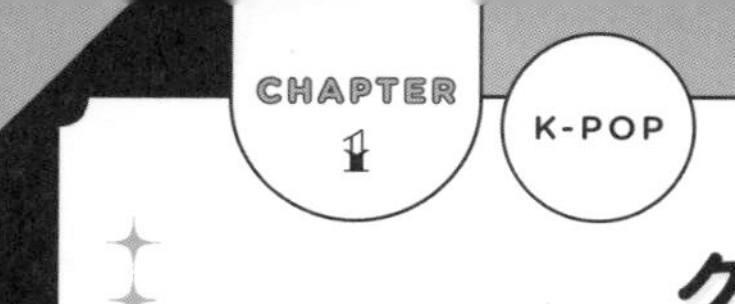

グッズ

気になるグッズを会場の物販やネット販売でゲットしよう！

グッズ
굿즈
クッチュ

スローガン
슬로건
スルロゴン

アイドルの写真や名前がプリントされた紙やタオルのこと。

ペンライト
응원봉
ウンウォンボン

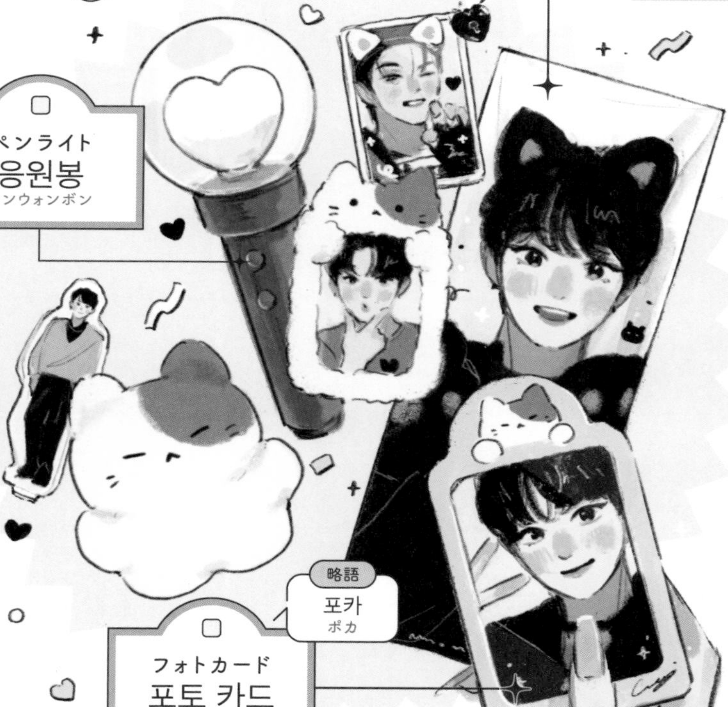

略語
포카
ポカ

フォトカード
포토 카드
ポト　カドゥ

公式グッズ ☐ 공식 굿즈 コンシク　クッチュ 略語 공굿 コングッ	非公式グッズ ☐ 비공식 굿즈 ピゴンシク　クッチュ 略語 비공굿 ピゴングッ
キーリング ☐ 키링 キリン	アクリルスタンド ☐ 아크릴 스탠드 アクリル　ステンドゥ
Tシャツ ☐ 티셔츠 ティショチュ	タオル ☐ 타월 タウォル
カプセルトイ ☐ 랜덤 뽑기 レンドム　ッポプキ ランダムと「くじ」뽑기（ッポプキ）が合わさった言葉。	ポストカード ☐ 포스트 카드 ポストゥ　カドゥ
ステッカー ☐ 스티커 スティコ	ポスター ☐ 포스터 ポスト
プログラムブック ☐ 프로그램 북 プログレム　ブク コンサートのコンセプトフォトやインタビューなどが収録されたパンフレット。	
ポラロイド ☐ 폴라로이드 ポルラロイドゥ 略語 폴라 ポルラ	無料配布 ☐ 나눔 ナヌム 直訳は「分かち合い」。
期間限定 ☐ 기간 한정 キガン　ハンジョン	ファンクラブ限定 ☐ 팬클럽 한정 ペンクルロプ　ハンジョン

MEMO

グッズの「分かち合い」文化

韓国ではファンがコンサート会場などで自作のグッズを配布する文化があります。配布する人のSNSをフォローすることなどが条件になっている場合もあるので、事前にチェックしてみてください。

歌詞

K-POPの歌詞によく出てくる単語をピックアップ！

歌詞 □ 가사 カサ	心／気持ち □ 마음 マウム
夢 □ 꿈 ックム	幸せ □ 행복 ヘンボク
満足 □ 만족 マンジョク	運命 □ 운명 ウンミョン
過去 □ 과거 クァゴ	存在 □ 존재 チョンジェ
話／物語 □ 이야기 イヤギ	魔法 □ 마법 マボプ
雲 □ 구름 クルム	光 □ 빛 ピッ
空 □ 하늘 ハヌル	青春 □ 청춘 チョンチュン
秘密 □ 비밀 ピミル	お願い □ 부탁 プタク

瞳 ☐ 눈동자 ヌンットンジャ	ほほえみ ☐ 미소 ミソ
悩み ☐ 고민 コミン	考え ☐ 생각 センガク
嘘 ☐ 거짓말 コジンマル	理由 ☐ 이유 イユ
涙 ☐ 눈물 ヌンムル	約束 ☐ 약속 ヤクソク
特別 ☐ 특별 トゥクピョル	思い出 ☐ 추억 チュオク
視線 ☐ 시선 シソン	率直に／正直に ☐ 솔직히 ソルチキ
記憶 ☐ 기억 キオク	勇気 ☐ 용기 ヨンギ
世の中／世間 ☐ 세상 セサン	瞬間 ☐ 순간 スンガン
一生 ☐ 평생 ピョンセン	その日／あの日 ☐ 그날 クナル
気分／機嫌 ☐ 기분 キブン	頭からつま先まで ☐ 머리부터 발끝까지 モリブト パルックッカジ

ラブソングの歌詞

ときめくフレーズは訳さず理解できるとテンション上がる♡

君と私（僕） □ 너와 나 ノワ ナ	君とともに □ 너와 함께 ノワ ハムッケ
私（僕）のもの □ 내 꺼 ネ ッコ 文法的には내 거（ネコ）が正しいが、発音はこちらが一般的。	忘れられない □ 못 잊어 モン ニジョ
君のせいで □ 너 땜에 ノ ッテメ	胸が痛い □ 맘이 아파 マミ アパ
ひどいよ □ 너무해 ノムヘ	君さえいればいい □ 너만 있으면 돼 ノマン イッスミョン ドゥェ
そばにいるよ □ 옆에 있을게 ヨペ イッスルケ	待っているよ □ 기다릴게 キダリルケ
離さないよ □ 놓지 않을게 ノチ アヌルケ	信じているよ □ 믿을게 ミドゥルケ
抱きしめるよ □ 안아 줄게 アナ ジュルケ	受け取ってくれる？ □ 받아 줄래? パダ ジュルレ
約束してくれる？ □ 약속해 줄래? ヤクソケ ジュルレ	聞いてくれる？ □ 들어 줄래? トゥロ ジュルレ

ガールズクラッシュの歌詞

女性が魅了されるかっこいい女性。知ればますます憧れる！

私の思いどおり □ 내 맘대로 ネ　マムデロ	これが私よ □ 이게 나야 イゲ　ナヤ
つまらないルール □ 재미없는 규칙 チェミオムヌン　キュチク	私は私らしく □ 나는 나답게 ナヌン　ナダプケ
気の向くままに □ 마음이 가는 대로 マウミ　カヌン　デロ	怖がらないで □ 겁내지 마 コムネジ　マ
悩まないで □ 고민하지 마 コミナジ　マ	勘違いしないで □ 착각하지 마 チャッカカジ　マ
驚かないで □ 놀라지 마 ノルラジ　マ	言ってみて □ 말해 봐 マレ　ブァ
正直になってみて □ 솔직해져 봐 ソルチケジョ　ブァ	勇気を出してみて □ 용기 내 봐 ヨンギ　ネ　ブァ
止まらない □ 멈추지 않아 モムチュジ　アナ	怖くない □ 두렵지 않아 トゥリョプチ　アナ
気にしない □ 신경 쓰지 않아 シンギョン　ッスジ　アナ	寂しくない □ 외롭지 않아 ウェロプチ　アナ

column

知らないとわからない「短縮語」

既存単語の文字数を最小限にした短縮語はカジュアルな場面でよく使われている略語です。一例を見てみましょう。

先生	선생님 ソンセンニム	→	쌤 ッセム
授業	수업 スオプ	→	섭 ソプ
心／気持ち	마음 マウム	→	맘 マム
明日	내일 ネイル	→	낼 ネル
私たち	우리 ウリ	→	울 ウル
あまりに	너무 ノム	→	넘 ノム
初めて	처음 チョウム	→	첨 チョム
一番	제일 チェイル	→	젤 チェル

CHAPTER

2

推し活

オタク

オタクに関する単語だけでこんなにたくさん!

□ オタク 덕후 トク	日本語の「オタク」が由来。오타쿠(オタク)ともいう。	
□ ファン 팬 ペン		
□ ファンの集まり/ファンダム 팬덤 ペンドム	fandomという造語の韓国語読み。	
□ オタク活動 덕질 トクチル	「オタク」덕후(トク) + 「行為」질(チル)	
□ オタク休止 휴덕 ヒュドク	「休」휴(ヒュ) + 「オタク」덕후(トク)	
□ オタク卒業 탈덕 タルトク	「脱」탈(タル) + 「オタク」덕후(トク)	
□ オタク復帰 복덕 ポクトク	「復」복(ポク) + 「オタク」덕후(トク)	
□ 沼落ち 입덕 イプトク	「入」입(イプ) + 「オタク」덕후(トク)	
□ 沼落ち否定期 입덕 부정기 イプトク　プジョンギ		

急な沼落ち
□ 덕통사고
トクトンサゴ

「オタク」덕후(トク)＋「交通事故」교통사고(キョトンサゴ)

遅い沼落ち
□ 늦덕
ヌットク

「遅い」늦다(ヌッタ)＋「オタク」덕후(トク)

オタク仲間
□ 덕질 메이트
トクチル　メイトゥ

略語
덕메
トンメ

成功したオタク
□ 성공한 덕후
ソンゴンハン　トク

略語
성덕
ソンドク

雑食オタク
□ 잡덕
チャプトク

「雑」잡(チャプ)＋「オタク」덕후(トク)

オタクではない人
□ 머글
モグル

『ハリー・ポッター』シリーズで「普通の人間」を表す「マグル」が由来。

オタクカミングアウト
□ 덕밍아웃
トンミンアウッ

略語
덕밍
トンミン

オッカケ
□ 빠순이 / 빠돌이
ッパスニ　ッパドリ

主に10代のファンを指す。女性は빠순이、男性は빠돌이。

私生活を追い回すファン
□ 사생팬
サセンペン

過度に芸能人を追いかける悪質なファンのこと。

浮気性のファン
□ 철새
チョルセ

直訳は「渡り鳥」。推しがコロコロ変わる人のこと。

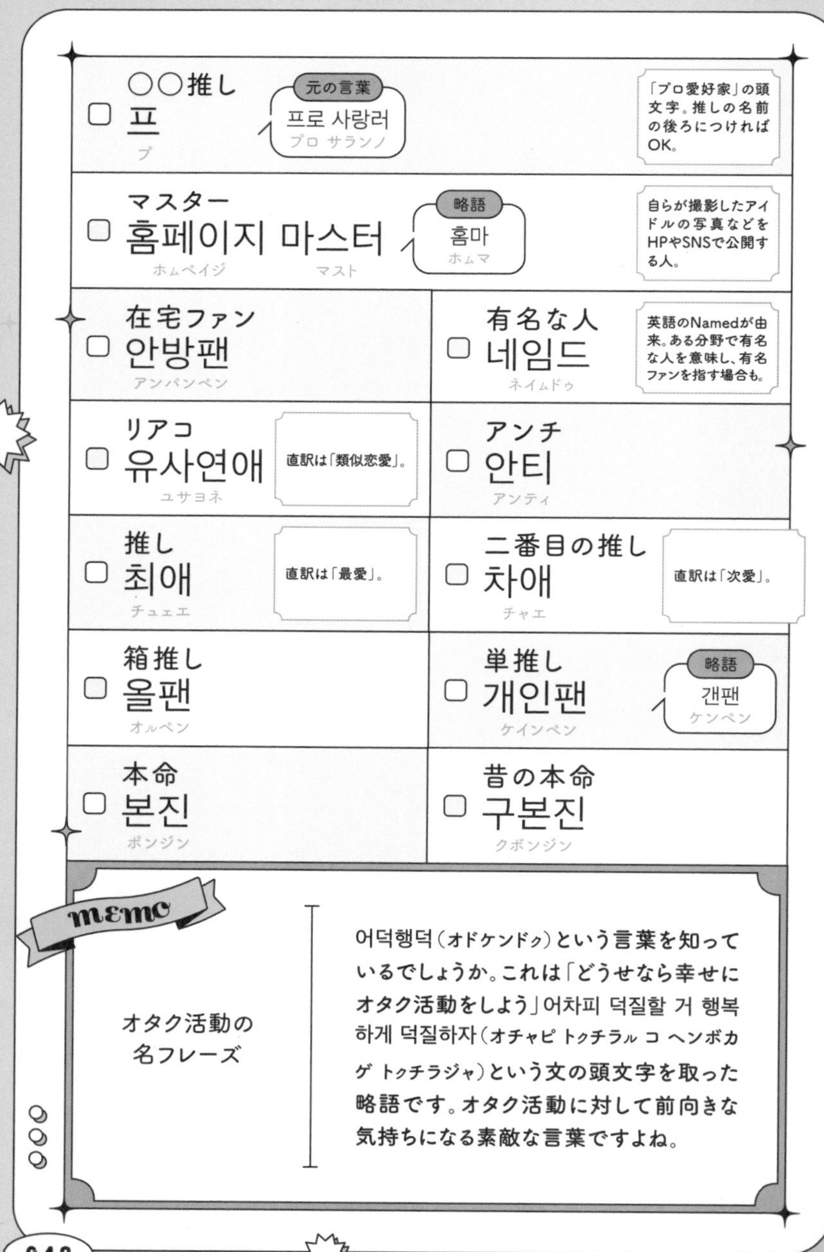

- ○○推し
  프（プ）
  元の言葉：프로 사랑러（プロ サランノ）
  「プロ愛好家」の頭文字。推しの名前の後ろにつければOK。

- マスター
  홈페이지 마스터（ホムペイジ マスト）
  略語：홈마（ホムマ）
  自らが撮影したアイドルの写真などをHPやSNSで公開する人。

- 在宅ファン
  안방팬（アンパンペン）

- 有名な人
  네임드（ネイムドゥ）
  英語のNamedが由来。ある分野で有名な人を意味し、有名ファンを指す場合も。

- リアコ
  유사연애（ユサヨネ）
  直訳は「類似恋愛」。

- アンチ
  안티（アンティ）

- 推し
  최애（チュェエ）
  直訳は「最愛」。

- 二番目の推し
  차애（チャエ）
  直訳は「次愛」。

- 箱推し
  올팬（オルペン）

- 単推し
  개인팬（ケインペン）
  略語：갠팬（ケンペン）

- 本命
  본진（ポンジン）

- 昔の本命
  구본진（クボンジン）

MEMO

オタク活動の名フレーズ

어덕행덕（オドケンドク）という言葉を知っているでしょうか。これは「どうせなら幸せにオタク活動をしよう」어차피 덕질할 거 행복하게 덕질하자（オチャピ トクチラル コ ヘンボカゲ トクチラジャ）という文の頭文字を取った略語です。オタク活動に対して前向きな気持ちになる素敵な言葉ですよね。

推し活・サポート

推しにプレゼントを贈る「サポート」や推し活文化を紹介！

推しへの贈り物
□ 조공
チョゴン

推しからの贈り物
□ 역조공
ヨクジョゴン

布教
□ 영업
ヨンオプ

一般的な意味は「営業」。

誕生日広告
□ 생일 광고
センイル　クァンゴ

アイドルの誕生日にファンが自腹でお祝い広告を出す文化がある。

ラッピングバス
□ 래핑 버스
レピン　ポス

認証ショット
□ 인증샷
インジュンシャッ

贈り物を受け取った証拠としてアイドルがSNSに写真を上げることも。

マナーショット
□ 예절샷
イェジョルシャッ

食べ物などと推しのフォトカードを一緒に撮影した写真のこと。

誕生日時間
□ 생일시
センイルシ

推しの誕生日の日付を時間に置き換えて投稿すること。

総攻撃
□ 총공격
チョンゴンギョク

略語
총공
チョンゴン

ファンたちが一斉にネット上で行動し、推しを応援すること。

オフラインの集まり
□ 오프
オプ

元の言葉
오프라인
オプライン

ファンのオフ会からサイン会まで、オフラインの集まり全般のこと。

推しとおそろいにすること
□ 손민수
ソンミンス

漫画に登場する、マネしたがりなキャラクターの名前が由来。

生配信基本単語

韓国語でコメントすると反応してくれる可能性アップかも!

略語
인라
イルラ
インスタライブ
인스타 라이브
インスタ　ライブ
略語
위라
ウィラ
Weverseライブ
위버스 라이브
ウィボス　ライブ
Weverseとは韓国のファンコミュニティプラットフォームのこと。
YouTubeライブ
유튜브 라이브
ユティュブ　ライブ

質問したい

定番から入れ替えフレーズまでいろんな角度からの質問を学ぼう!

- ごはんは何を食べましたか?
  밥 뭐 먹었어요?
  パプ ムォ モゴッソヨ

- 今日は何をして過ごしましたか?
  오늘 뭐 하고 지냈어요?
  オヌル ムォ ハゴ チネッソヨ

- 今どこですか?
  지금 어디예요?
  チグム オディエヨ

- コンサートはどうでしたか?
  콘서트는 어땠어요?
  コンソトゥヌン オッテッソヨ

- カムバックの準備は順調ですか?
  컴백 준비는 잘 되고 있어요?
  コムベク チュンビヌン チャル トゥェゴ イッソヨ

- 髪を切りましたか?
  머리 잘랐어요?
  モリ チャルラッソヨ

- 休みの日は何をしますか?
  쉬는 날에는 뭐 해요?
  シュィヌン ナレヌン ムォ ヘヨ

- わかめスープは飲みましたか?
  미역국은 먹었어요?
  ミヨックグン モゴッソヨ

韓国では誕生日にわかめスープを飲む習慣がある。

入れ替えフレーズ

好きな食べ物は何ですか？
좋아하는 **음식이** 뭐예요?
チョアハヌン　ウムシギ　ムォエヨ

- [ ] お酒は
  술이
  スリ
- [ ] お菓子は
  과자가
  クァジャガ
- [ ] 季節は
  계절이
  キェジョリ
- [ ] アニメは
  애니가
  エニガ

애니は애니메이션（エニメイション）の略語。

- [ ] キャラクターは
  캐릭터가
  ケリクトガ
- [ ] 日本語は
  일본어가
  イルボノガ
- [ ] 振付は
  안무가
  アンムガ
- [ ] 衣装は
  의상이
  ウィサンイ
- [ ] アルバムの収録曲は
  앨범 수록곡이
  エルボム　スロッコギ

※入れ替えフレーズは基本的に助詞もつけた形で掲載しています

入れ替えフレーズ

最近覚えた日本語は何ですか？
요즘 외운 일본어가 뭐예요?
ヨジュム　ウェウン　イルボノガ　ムォエヨ

今日のTMIは
☐ 오늘의 티엠아이가
オヌレ　ティエマイガ

TMI＝Too Much Information。「おまけ情報」のこと。

最近ハマっているものは
☐ 요즘 빠져 있는 게
ヨジュム　ッパジョ　インヌン　ゲ

日本で食べたいものは
☐ 일본에서 먹고 싶은 게
イルボネソ　モッコ　シプン　ゲ

今最も欲しいものは
☐ 지금 가장 갖고 싶은 게
チグム　カジャン　カッコ　シプン　ゲ

人生映画は
☐ 인생 영화가
インセン　ヨンファガ

韓国語では「人生最高の〇〇」という意味で「人生〇〇」とよく表現する。

よく使っている香水は
☐ 자주 쓰는 향수가
チャジュ　ッスヌン　ヒャンスガ

スマホの待ち受け画面は
☐ 폰 배경화면이
ポン　ペギョンファミョニ

自分を動物に例えると
☐ 자신을 동물로 표현한다면
チャシヌル　トンムルロ　ピョヒョナンダミョン

グループ内で流行っていることは
☐ 그룹 내에서 유행하는 게
クルブ　ネエソ　ユヘンハヌン　ゲ

入れ替え
フレーズ

最も仲のいいメンバーは誰ですか？
가장 친한 멤버는 누구예요?
カジャン　チナン　メムボヌン　ヌグエヨ

□ ロールモデルは
롤 모델은
ロル　モデルン

「憧れの人」「理想の人」のような意味。

□ コラボしたいアーティストは
콜라보하고 싶은 아티스트는
コルラボハゴ　シプン　アティストゥヌン

□ 最近、最も注目しているアーティストは
요즘, 가장 주목하는 아티스트는
ヨジュム　カジャン　チュモカヌン　アティストゥヌン

□ ホテルのルームメイトは
호텔 룸메이트는
ホテル　ルムメイトゥヌン

□ 天才だと思うメンバーは
천재라고 생각하는 멤버는
チョンジェラゴ　センガカヌン　メムボヌン

□ 嘘が上手いメンバーは
거짓말을 잘하는 멤버는
コジンマルル　チャラヌン　メムボヌン

□ 涙もろいメンバーは
눈물이 많은 멤버는
ヌンムリ　マヌン　メムボヌン

□ 精神年齢が高いメンバーは
정신 연령이 높은 멤버는
チョンシン　ニョルリョンイ　ノプン　メムボヌン

□ 一緒に旅行したいメンバーは
같이 여행 가고 싶은 멤버는
カチ　ヨヘン　カゴ　シプン　メムボヌン

入れ替えフレーズ

次にやりたい髪色はありますか？
다음에 하고 싶은 머리 색이 있어요?
タウメ ハゴ シプン モリ セギ イッソヨ

- ストレス解消法は
  스트레스 해소법이
  ストゥレス ヘソッポビ
- 直したい癖は
  고치고 싶은 버릇이
  コチゴ シプン ポルシ
- 行ってみたい旅行先は
  가 보고 싶은 여행지가
  カ ボゴ シプン ヨヘンジガ
- 理想のタイプは
  이상형이
  イサンヒョンイ
- やってみたいコンセプトは
  해 보고 싶은 콘셉트가
  ヘ ボゴ シプン コンセプトゥガ
- カバーしたい曲は
  커버해 보고 싶은 곡이
  コボヘ ボゴ シプン コギ
- レコーディングエピソードは
  레코딩 에피소드가
  レコディン エピソドゥガ
- 撮影のビハインドは
  촬영 비하인드가
  チュァリョン ピハインドゥガ

비하인드は英語のbehindが由来。「舞台裏」や「裏話」を意味する。

- メンバーの間での流行語は
  멤버들 사이에서 유행어가
  メムボドゥル サイエソ ユヘンオガ

バランスゲーム

韓国で人気の「バランスゲーム（究極の選択ゲーム）」の質問例！

- ☐ 犬 vs 猫
  강아지 vs 고양이
  カンアジ　コヤンイ
- ☐ 電話 vs メッセージ
  전화 vs 문자
  チョヌァ　ムンッチャ
- ☐ 夏 vs 冬
  여름 vs 겨울
  ヨルム　キョウル
- ☐ 山 vs 海
  산 vs 바다
  サン　パダ
- ☐ 焼酎 vs ビール
  소주 vs 맥주
  ソジュ　メクチュ
- ☐ ジャージャー麺 vs チャンポン
  짜장면 vs 짬뽕
  ッチャジャンミョン　ッチャムッポン
- ☐ コーラ vs サイダー
  콜라 vs 사이다
  コルラ　サイダ
- ☐ タイムマシーン vs 透明人間
  타임머신 vs 투명인간
  タイムモシン　トゥミョンインガン

문자の直訳は「文字」。メールやショートメッセージのことも意味する。

リクエストしたい

もしかしたら推しが自分の願いをかなえてくれるかも!?

アルバムのネタバレしてください。
□ 앨범 스포 해 주세요.
エルボム　スポ　ヘ　ジュセヨ

「ネタバレ」스포はspoiler＝스포일러（スポイルロ）の略語。

ワンフレーズだけ歌ってください。
□ 한 소절만 불러 주세요.
ハン　ソジョルマン　プルロ　ジュセヨ

音楽番組1位になった感想を一言。
□ 음방 1위가 된 소감 한 마디.
ウムバン　イルィガ　トゥェン　ソガム　ハン　マディ

ASMRしてください。
□ 에이에스엠알 해 주세요.
エイエスエマル　ヘ　ジュセヨ

アイドルにその場にあるものでASMRをしてもらうイメージ。

モーニングコールしてください。
□ 모닝콜 해 주세요.
モニンコル　ヘ　ジュセヨ

夕食をおすすめしてください。
□ 저메추 해 주세요.
チョメチュ　ヘ　ジュセヨ

自分が食べるものをアイドルに提案してもらうイメージ。

スクショタイムください。
□ 캡처 타임 주세요.
ケプチョ　タイム　ジュセヨ

直訳は「キャプチャータイム」。動画をスクショするときはキャプチャーという。

ウインクしてください。
□ 윙크 해 주세요.
ウィンク　ヘ　ジュセヨ

愛嬌3点セットしてください。
□ 애교 3종 세트 해 주세요.
エギョ サムジョン セトゥ ヘ ジュセヨ

頭なでなでしてください。
□ 머리 쓰담쓰담 해 주세요.
モリ ッスダムッスダム ヘ ジュセヨ

結婚してください。
□ 결혼해 주세요.
キョロネ ジュセヨ

私と付き合ってください。
□ 나랑 사귀어 주세요.
ナラン サグィオ ジュセヨ

10秒だけ彼氏に／彼女になってください。
□ 10초만 내 남친이 / 여친이 돼 주세요.
シプチョマン ネ ナムチニ ヨチニ トゥェ ジュセヨ

胸キュンさせてください。
□ 심쿵 시켜 주세요.
シムクン シキョ ジュセヨ

日本語を話してください。
□ 일본어를 말해 주세요.
イルボノルル マレ ジュセヨ

もうすぐ試験があるので、上手くいくよう祈ってください。
□ 곧 시험인데, 잘 보게 기도해 주세요.
コッ シホミンデ チャル ポゲ キドヘ ジュセヨ

何を食べるか迷ったときに

本文中で紹介した저메추は「夕食メニューのおすすめ」저녁 메뉴 추천（チョニョク メニュ チュチョン）の略です。初見だとなかなか理解しづらいですが、ここ数年でよく使われる言い回しになりました。

入れ替えフレーズ

休みの日のルーティンを教えてください。
쉬는 날 루틴을 알려 주세요.
シュィヌン ナル ルティヌル アルリョ ジュセヨ

- [ ] モーニングルーティンを
  모닝 루틴을
  モニン ルティヌル
- [ ] 肌がきれいになる方法を
  피부가 좋아지는 법을
  ピブガ チョアジヌン ポブル
- [ ] メンバーも知らない秘密を
  멤버도 모르는 비밀을
  メムボド モルヌン ピミルル
- [ ] 最近よく聴く曲を
  요즘 자주 듣는 노래를
  ヨジュム チャジュ トゥンヌン ノレルル
- [ ] 人生ドラマを
  인생 드라마를
  インセン トゥラマルル
- [ ] お酒が飲める量を
  주량을
  チュリャンウル

  주량の直訳は「酒量」。聞かれたら焼酎の量で答えることが多い。
- [ ] 座右の銘を
  좌우명을
  チュァウミョンウル
- [ ] 今年の目標を
  올해 목표를
  オレ モクピョルル
- [ ] ○○方言を
  ○○ 사투리를
  サトゥリルル

  ○○にはアイドルの出身地を入れてみよう。

入れ替えフレーズ

愛嬌を見せてください！
애교를 보여 주세요!
エギョルル　ポヨ　ジュセヨ

- □ 筋肉を
  근육을
  クニュグル
- □ 腹筋を
  복근을
  ポックヌル
- □ 待ち受け画面を
  배경화면을
  ペギョンファミョヌル
- □ スマホケースを
  폰 케이스를
  ポン　ケイスルル
- □ えくぼを
  보조개를
  ポジョゲルル
- □ まつげを
  속눈썹을
  ソンヌンッソブル
- □ 近くで顔を
  가까이서 얼굴을
  カッカイソ　オルグルル
- □ 一番自信のある顔を
  제일 자신있는 얼굴을
  チェイル　チャシニンヌン　オルグルル
- □ 一番かわいいポーズを
  제일 귀여운 포즈를
  チェイル　クィヨウン　ポジュルル

感謝したい・祝いたい

アイドルとして活動してくれることに感謝！

入れ替えフレーズ

デビューしてくれてありがとう。
데뷔해 줘서 고마워요.
テビィヘ ジュォソ コマウォヨ

- □ 歌手になってくれて
  가수가 되어 줘서
  カスガ トゥェオ ジュォソ
- □ 日本に来てくれて
  일본에 와 줘서
  イルボネ ワ ジュォソ
- □ 苦しい時期を耐えてくれて
  힘든 시기를 견뎌내 줘서
  ヒムドゥン シギルル キョンデョネ ジュォソ
- □ 同じ時代に生まれてくれて
  같은 시대에 태어나 줘서
  カトゥン シデエ テオナ ジュォソ
- □ いつも良い姿を見せてくれて
  항상 좋은 모습을 보여 줘서
  ハンサン チョウン モスブル ポヨ ジュォソ
- □ 幸せな時間をくれて
  행복한 시간을 줘서
  ヘンボカン シガヌル チュォソ
- □ 素敵なステージを見せてくれて
  멋진 무대를 보여 줘서
  モッチン ムデルル ポヨ ジュォソ

入れ替えフレーズ

誕生日おめでとうございます!
생일 축하해요!
センイル　チュカヘヨ

- デビュー1周年
  데뷔 1주년
  テビィ　イルチュニョン
- デビュー100日
  데뷔 100일
  テビィ　ペギル
- 音楽番組1位
  음악방송 1위
  ウマクパンソン　イルィ
- 初動（売上）100万枚
  초동 100만장
  チョドン　ペンマンジャン
- 100万回再生
  100만뷰
  ペンマンビュ
- ドラマ出演
  드라마 출연
  トゥラマ　チュリョン
- 学校卒業
  학교 졸업
  ハッキョ　チョロプ

おめでたい日に食べるもの

韓国では誕生日にはわかめスープ、卒業式のあとにはジャージャー麺を食べるのが定番です。誕生日や卒業式を迎えたアイドルには「もう食べた?」と聞いてみるのもいいでしょう。

ほめたい

持てる語彙力すべてを尽くしてほめまくりたい！

男性主人公
남자 주인공
ナムジャ　ジュインゴン

略語
남주
ナムジュ

イケメンです。
잘생겼어요.
チャルセンギョッソヨ

かっこいいです。
멋있어요.
モシッソヨ

美男です。
미남이에요.
ミナミエヨ

略語
여주
ヨジュ

女性主人公
여자 주인공
ヨジャ　ジュインゴン

どちらかといえば見た目より仕草や愛嬌をほめるときに使う。

かわいいです。
귀여워요.
クィヨウォヨ

美しいです。
아름다워요.
アルㇺダウォヨ

きれいです。
예뻐요.
イェッポヨ

魅力がありますね。
□ 매력이 있네요.
メリョギ　インネヨ

すごく優しいですね。
□ 너무 다정하네요.
ノム　タジョンハネヨ

センスがいいですね。
□ 센스가 좋네요.
センスガ　チョンネヨ

スタイルがいいですね。
□ 스타일이 좋네요.
スタイリ　チョンネヨ

日本語がお上手ですね。
□ 일본어를 잘하시네요.
イルボノルル　チャラシネヨ

背が本当に高いですね。
□ 키가 정말 크네요.
キガ　チョンマル　クネヨ

顔が本当に小さいですね。
□ 얼굴이 정말 작네요.
オルグリ　チョンマル　チャンネヨ

オッパが誇らしいです。
□ 오빠가 자랑스러워요.
オッパガ　チャランスロウォヨ

王子様／お姫様かと思いました！
□ 왕자님 / 공주님 인줄 알았어요!
ワンジャニム　コンジュニム　インジュル　アラッソヨ

まるで天使のようですね。
□ 마치 천사 같네요.
マチ　チョンサ　カンネヨ

今日のステージかっこよかったです！
□ 오늘 무대 멋있었어요!
オヌル　ムデ　モシッソッソヨ

さすが私たちのリーダー！
□ 역시 우리 리더!
ヨクシ　ウリ　リド

今回のアルバム、お気に入りの曲が多いです。
□ 이번 앨범, 최애곡이 많아요.
イボン　エルボム　チュェエゴギ　マナヨ

高音の部分で鳥肌が立ちました！
□ 고음 부분에서 소름 돋았어요!
コウム　プブネソ　ソルム　トダッソヨ

今回のコンセプトすごく好きです。
□ 이번 콘셉트 너무 좋아요.
イボン　コンセプトゥ　ノム　チョアヨ

黒髪がすごくよく似合っています。
□ 까만 머리 너무 잘 어울려요.
ッカマン　モリ　ノム　チャル　オウルリョヨ

努力している姿が素敵です。
□ 노력하는 모습이 멋져요.
ノリョカヌン　モスビ　モッチョヨ

歌、踊り、ラップ、すべて完璧ですね！
□ 노래, 춤, 랩, 다 완벽하네요!
ノレ　チュム　レプ　タ　ワンビョカネヨ

どうしてそんなにイケメンなんですか？
□ 왜 이렇게 잘생겼어요?
ウェ　イロケ　チャルセンギョッソヨ

美しすぎて言葉が出ません。
□ 너무 아름다워서 말이 안 나와요.
ノム　アルムダウォソ　マリ　アン　ナワヨ

愛を伝えたい

短い時間でも気持ちを伝えられるシンプルフレーズ！

- □ 愛しています。
  사랑해요.
  サランヘヨ
- □ 大好きです。
  너무 좋아해요.
  ノム チョアヘヨ
- □ 一人じゃないよ。
  혼자가 아니야.
  ホンジャガ アニヤ
- □ 頼ってもいいよ。
  기대도 괜찮아.
  キデド クェンチャナ
- □ 無理しないでね。
  무리하지 마요.
  ムリハジ マヨ
- □ 風邪ひかないでね。
  감기 걸리지 마요.
  カムギ コルリジ マヨ
- □ あたたかい服装をしてね。
  옷 따뜻하게 입어요.
  オッ ッタットゥタゲ イボヨ
- □ 明日のためにぐっすり寝てね。
  내일을 위해 푹 자요.
  ネイルル ウィヘ プク チャヨ

□ いつまでも君のそばにいるよ。
언제까지나 네 곁에 있을게.
オンジェッカジナ ネ ギョテ イッスルケ

□ きっと上手くいくよ！
꼭 잘 될거야!
ッコクチャル トェルコヤ

□ 花道だけ歩こう。
꽃길만 걷자.
ッコッキルマン コッチャ

「いいことばかり起こりますように」という意味の言い回し。

□ 一緒に歩いていこう。
같이 걸어가자.
カチ コロガジャ

□ いつも幸せに笑ってくれたらうれしいな。
항상 행복하게 웃었으면 좋겠다.
ハンサン ヘンボカゲ ウソッスミョン チョケッタ

□ 幸せな瞬間をたくさん作ろう。
행복한 순간들 많이 만들자.
ヘンボカン スンガンドゥル マニ マンドゥルジャ

□ 私たちが一生幸せにするね。
우리가 평생 행복하게 해 줄게.
ウリガ ピョンセン ヘンボカゲ ヘ ジュルケ

□ これからもずっと待っているね。
앞으로도 계속 기다릴게.
アプロド キェソク キダリルケ

□ ツアー頑張ってね！
투어 화이팅!
トゥオ ファイティン

□ これからもよろしくね。
앞으로도 잘 부탁해.
アプロド チャル プタケ

CHAPTER 2

推し活

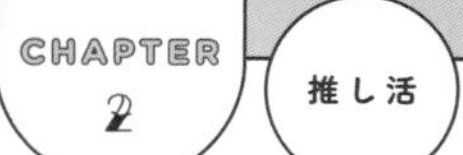

サイン会・ヨントン基本単語

推しと話せる貴重な機会だから、がんばって準備したい！

□
ファンサイン会
팬 사인회
ペン　サイヌェ

略語
팬싸
ペンッサ

□
手紙
편지
ピョンジ

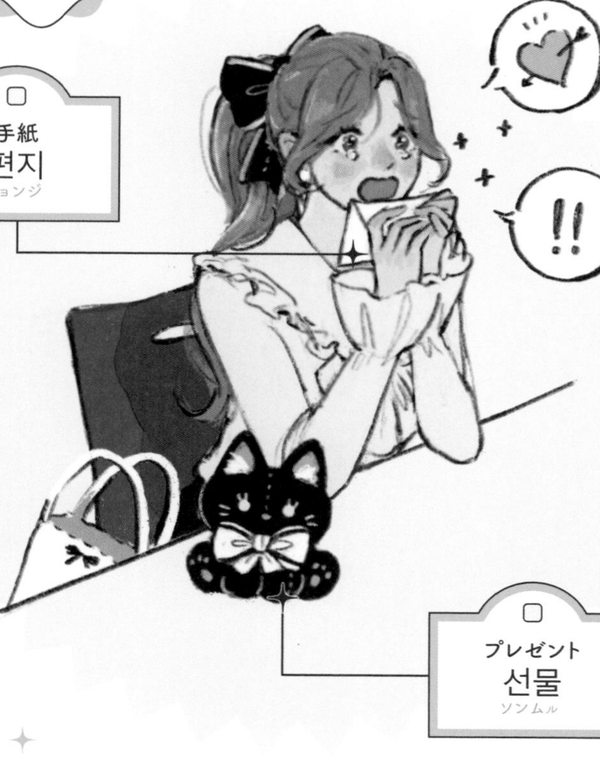

□
プレゼント
선물
ソンムル

ファンサイン会のアイテム
팬싸템
ペンッサテム
サイン
사인
サイン

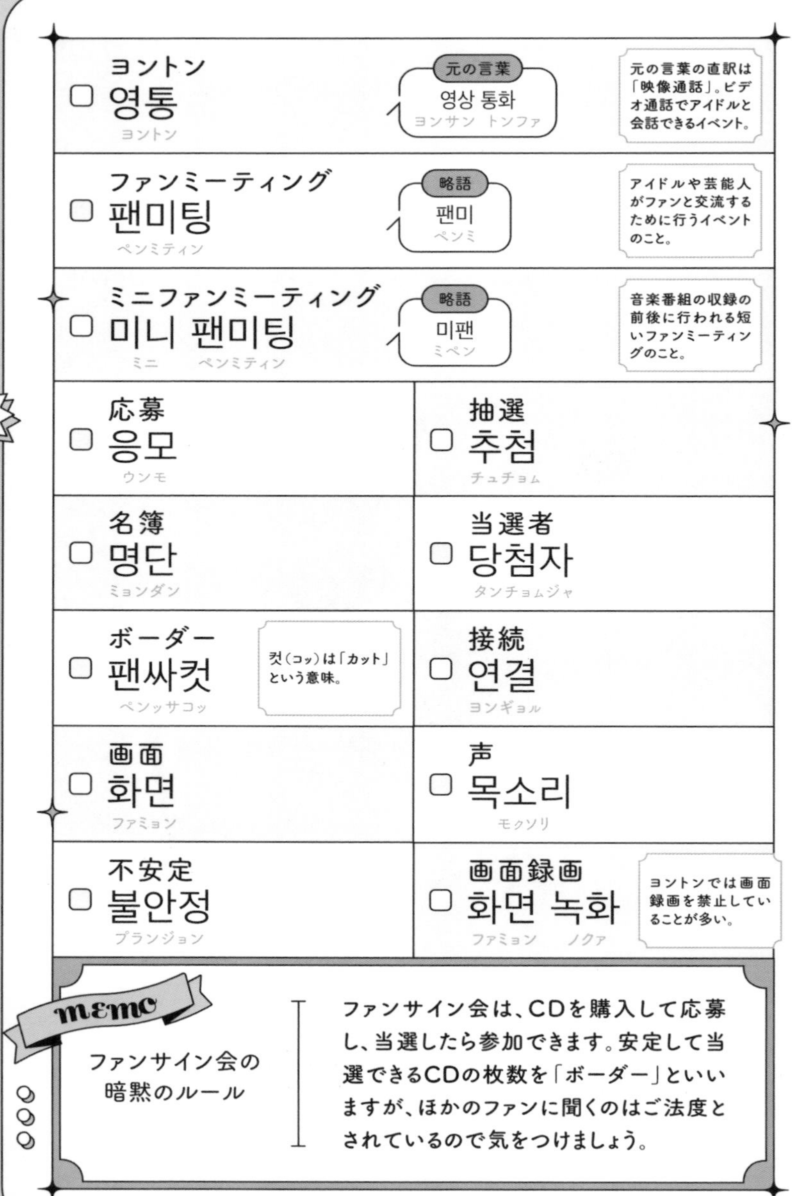

ヨントン
- ☐ 영통
ヨントン

元の言葉
영상 통화
ヨンサン トンファ

元の言葉の直訳は「映像通話」。ビデオ通話でアイドルと会話できるイベント。

ファンミーティング
- ☐ 팬미팅
ペンミティン

略語
팬미
ペンミ

アイドルや芸能人がファンと交流するために行うイベントのこと。

ミニファンミーティング
- ☐ 미니 팬미팅
ミニ ペンミティン

略語
미팬
ミペン

音楽番組の収録の前後に行われる短いファンミーティングのこと。

応募
- ☐ 응모
ウンモ

抽選
- ☐ 추첨
チュチョム

名簿
- ☐ 명단
ミョンダン

当選者
- ☐ 당첨자
タンチョムジャ

ボーダー
- ☐ 팬싸컷
ペンッサコッ

컷（コッ）は「カット」という意味。

接続
- ☐ 연결
ヨンギョル

画面
- ☐ 화면
ファミョン

声
- ☐ 목소리
モクソリ

不安定
- ☐ 불안정
プランジョン

画面録画
- ☐ 화면 녹화
ファミョン ノクァ

ヨントンでは画面録画を禁止していることが多い。

MEMO

ファンサイン会の暗黙のルール

ファンサイン会は、CDを購入して応募し、当選したら参加できます。安定して当選できるCDの枚数を「ボーダー」といいますが、ほかのファンに聞くのはご法度とされているので気をつけましょう。

サイン会のフレーズ

サイン会ならではのフレーズをピックアップ！

- □ 日本から来ました。
  일본에서 왔어요.
  イルボネソ ワッソヨ
- □ デビューのときからファンです。
  데뷔 때부터 팬이에요.
  テブィ ッテブト ペニエヨ
- □ すごく会いたかったです。
  너무 보고 싶었어요.
  ノム ポゴ シポッソヨ
- □ 初めてのファンサイン会なのですごく緊張しています。
  첫 팬 사인회라서 긴장이 많이 돼요.
  チョッ ペン サイヌェラソ キンジャンイ マニ ドゥェヨ
- □ 実物がすごくかっこいいですね／きれいですね。
  실물이 너무 잘생겼네요 / 예쁘네요.
  シルムリ ノム チャルセンギョンネヨ イェップネヨ
- □ 言うことを忘れちゃいました。
  할 말을 까먹었어요.
  ハル マルル ッカモゴッソヨ
- □ 今日は私の誕生日です。
  오늘은 제 생일이에요.
  オヌルン チェ センイリエヨ
- □ バースデーソングを歌ってください。
  생일 축하 노래 불러 주세요.
  センイル チュカ ノレ プルロ ジュセヨ

ジャンケンしましょう。

□ 가위바위보 합시다.

カウィバウィボ　ハプシダ

「ジャンケンポン」の掛け声も가위바위보と言えばOK。

愛嬌対決しましょう。

□ 애교 대결 합시다.

エギョ　テギョル　ハプシダ

腕相撲しましょう。

□ 팔씨름 합시다.

パルッシルム　ハプシダ

私が勝ったらお願いを聞いてください。

□ 제가 이기면 소원을 들어 주세요.

チェガ　イギミョン　ソウォヌル　トゥロ　ジュセヨ

私の名前を呼んでもらえますか？

□ 제 이름 불러 주실 수 있으실까요?

チェ　イルム　プルロ　ジュシル　ス　イッスシルッカヨ

私にあだ名つけてください。

□ 내 별명 지어 주세요.

ネ　ピョルミョン　チオ　ジュセヨ

これプレゼントです。

□ 이거 선물이에요.

イゴ　ソンムリエヨ

これをつけてください。

□ 이걸 써 주세요.

イゴル　ッソ　ジュセヨ

カチューシャやアイウェアなどを渡して言うイメージ。

日本にも来てください。

□ 일본에도 와 주세요.

イルボネド　ワ　ジュセヨ

こちらこそいつもありがとう！

□ 저야말로 늘 고마워요!

チョヤマルロ　ヌル　コマウォヨ

ヨントンのフレーズ

もしもの通信トラブルにも備えて準備を整えよう!

- □ 私の声ちゃんと聞こえますか?
  제 목소리 잘 들려요?
  チェ　モクソリ　チャル　トゥルリョヨ
- □ 画面が見えません。
  화면이 안 보여요.
  ファミョニ　アン　ボヨヨ
- □ Wi-Fiがうまく繋がらないです。
  와이파이가 잘 안돼요.
  ワイパイガ　チャル　アンドゥェヨ
- □ 遅延があります。
  딜레이가 있어요.
  ティルレイガ　イッソヨ

- □ 声が聞こえません。
  목소리가 안 들려요.
  モクソリガ　アン　ドゥルリョヨ
- □ 画面がよく途切れます。
  화면이 많이 끊겨요.
  ファミョニ　マニ　ックンキョヨ
- □ 誕生日なのでケーキを用意しました。
  생일이라서 케이크를 준비했어요.
  センイリラソ　ケイクルル　チュンビヘッソヨ

サイン会は食べ物の差し入れ禁止のため、ヨントンならではのフレーズ。

- □ これ読んでください!
  이거 읽어 주세요!
  イゴ　イルゴ　ジュセヨ

韓国語を書いたボードを推しに見せながら言うイメージ。

column ファンレターの書き方

郵送で送ってもよし、ファンサイン会で直接渡してもよし。アイドルへ送るファンレターの一例を紹介します。

〇〇〇

愛するミンジュンへ
사랑하는 민준
サランハヌン ミンジュン

こんにちは。私は日本の東京に住んでいるみゆといいます。
안녕하세요. 저는 일본 도쿄에 살고 있는 미유라고 해요.
アンニョンハセヨ チョヌン イルボン トキョエ サルゴ インヌン ミユラゴ ヘヨ

初めてファンレターを書いています。
편지를 쓰는 건 이번이 처음이에요.
ピョンジルルッスヌン ゴン イボニ チョウミエヨ

〇〇のMVを見て、一目ぼれしました。
〇〇의 뮤비를 보고, 한눈에 반했어요.
エ ミュビルル ポゴ ハンヌネ パネッソヨ

最近では、〇〇のパフォーマンスがすごくかっこよくて感動しました。
최근에는, 〇〇의 퍼포먼스가 너무 멋있어서 감동 받았어요.
チュェグネヌン エ ポポモンスガ ノム モシッソソ カムドン パダッソヨ

常に努力し続ける姿勢を私も見習いたいと思っています。
항상 노력하는 자세를 저도 배우고 싶어요.
ハンサン ノリョカヌン チャセルル チョド ペウゴ シポヨ

オッパに会うその日まで、必ず韓国語をマスターしてきます!
오빠를 만날 그 날까지, 꼭 한국어 마스터하고 올게요!
オッパルル マンナル ク ナルッカジ ッコク ハングゴ マストハゴ オルケヨ

風邪に気をつけて健康でいてください。
감기 조심하시고 건강 잘 챙기세요.
カムギ チョシマシゴ コンガンチャル チェンギセヨ

陰ながら応援しています。
멀리서나마 응원하고 있어요.
モルリソナマ ウンウォナゴ イッソヨ

みゆより
미유가
ミユガ

CHAPTER 3

テレビ・動画

テレビ番組基本単語

日本でも人気のある韓国のテレビ番組!

テレビ番組 □ 프로그램 プログレム 略語 프로 プロ	ドラマ □ 드라마 トゥラマ
ニュース □ 뉴스 ニュス	ドキュメンタリー □ 다큐멘터리 タキュメントリ 略語 다큐 タキュ
リアリティー番組 □ 리얼리티 リオルリティ 略語 렬리티 リョルリティ	
予告 □ 예고 イェゴ	CM □ 광고 クァンゴ
放送 □ 방송 パンソン	再放送 □ 재방송 チェバンソン 略語 재방 チェバン
一番人気/旬 □ 대세 テセ	再視聴 □ 다시보기 タシボギ
一気見 □ 정주행 チョンジュヘン	字幕 □ 자막 チャマク
吹き替え □ 더빙 トビン 英語のdubbingが由来。	台本 □ 대본 テボン

視聴率 □ 시청률 シチョンニュル	放送局 □ 방송국 パンソングク
現場 □ 현장 ヒョンジャン	生中継 □ 생중계 センジュンギェ
公衆波 □ 공중파 コンジュンパ 「地上波」と同じ意味で使われることが多い。	地上波 □ 지상파 チサンパ
番組のお休み □ 결방 キョルバン	ロケ地 □ 촬영지 チュァリョンジ
スタジオ □ 스튜디오 スティュディオ	俳優 □ 배우 ペウ
プロデューサー □ 프로듀서 / 피디 プロディュソ　ピディ 呼ぶときは피디님(ピディニム)と言うことが多い。	
監督 □ 감독 カムドク	作家 □ 작가 チャッカ
制作スタッフ □ 제작진 チェジャクチン	カメラマン □ 카메라맨 カメラメン
司会者 □ 진행자 チネンジャ	出演者 □ 출연자 チュリョンジャ
MC □ 엠시 エムシ	出演オファー □ 섭외 ソブェ

CHAPTER 3

テレビ・動画

バラエティ番組基本単語

推しが出ているバラエティ番組で楽しく学ぼう!

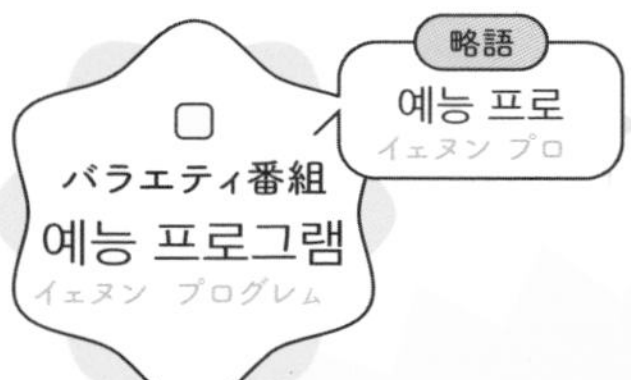

ユーモア
□ 유머
ユモ

レギュラー
□ 고정
コジョン

芸人
□ 개그맨
ケグメン

アドリブ
□ 애드리브
エドゥリブ

略語
드립
トゥリプ

ギャグ
□ 개그
ケグ

体を張ったギャグ
□ 몸개그
モムゲグ

ドッキリカメラ
□ 몰래카메라
モルレカメラ

略語
몰카
モルカ

笑いをこらえること
□ 웃음 참기
ウスム　チャムキ

略語
웃참
ウッチャム

旬のアイドル
□ 대세돌
テセドル

「旬」대세（テセ）＋「アイドル」아이돌（アイドル）

マルチアイドル
□ 만능돌
マンヌンドル

「万能」만능（マンヌン）＋「アイドル」아이돌（アイドル）

バラエティアイドル
□ 예능돌
イェヌンドル

「芸能」예능（イェヌン）＋「アイドル」아이돌（アイドル）

初公開
□ 첫 공개
チョッ　コンゲ

「史上初」を強調するときは 최초 공개（チュェチョ コンゲ）。

過去写真
□ 과거 사진
クァゴ　サジン

略語
과사
クァサ

名場面
□ 명장면
ミョンジャンミョン

黒歴史
□ 흑역사
フギョクサ

テロップ

短くて覚えやすいテロップから勉強を始めてみよう!

幸せ ☐ 행복 ヘンボク	期待 ☐ 기대 キデ
気になる ☐ 궁금 クングム	感嘆 ☐ 감탄 カムタン
感動 ☐ 감동 カムドン	胸がいっぱい ☐ 뿌듯 ップドゥッ
ほほえましい ☐ 흐뭇 フムッ	かわいい ☐ 귀엽 クィヨプ
羨ましい ☐ 부럽 プロプ	うれしい ☐ 반갑 パンガプ
丁寧 ☐ 공손 コンソン	共感 ☐ 공감 コンガム
心残りだ ☐ 아쉽 アシュィプ	名残惜しい ☐ 섭섭 ソプソプ
きまりが悪い ☐ 민망 ミンマン	もどかしい ☐ 답답 タプタプ

恥ずかしい ☐ 부끄 プック	照れくさい ☐ 쑥쓰 ッスクス
真顔 ☐ 정색 チョンセク	集中 ☐ 집중 チプチュン
気を病む ☐ 속상 ソクサン	憂鬱 ☐ 우울 ウウル
戸惑う ☐ 당황 タンファン	不安 ☐ 불안 プラン
焦る ☐ 초조 チョジョ	緊張 ☐ 긴장 キンジャン
悩む ☐ 고민 コミン	疑う ☐ 의심 ウィシム
怒り ☐ 분노 プンノ	たじろぐ ☐ 멈칫 モムチッ

MEMO

日本と違う
テロップの入れ方

韓国の番組では出演者の発言を書き起こすだけでなく、そのときの状況や出演者の心情を番組側が表現したテロップがたくさん入ります。
なお、P76～77で紹介したテロップの中には動詞や形容詞の末尾が省略された特殊な形のものもあるので、あくまでもテロップの言葉として覚えておくとよいでしょう。

うなずく □ 끄덕 ックドク	イヤイヤ □ 절레절레 チョルレジョルレ 首を左右に振るイメージ。
こくり／ぺこり □ 꾸벅 ックボク	きょろきょろ □ 두리번두리번 トゥリボンドゥリボン
きゃっきゃっ □ 까르르 ッカルル	へへっ □ 헤헷 ヘヘッ
ひょっこり □ 빼꼼 ッペッコム	息をのむ音 □ 쓰읍 ッスウプ
じゃじゃーん □ 짜잔 ッチャジャン	きゃー □ 꺄악 ッキャアク
うわぁ！ □ 우와! ウワ	くすっ □ 킥 キク
にやり □ 씨익 ッシイク	もぐもぐ □ 냠냠 ニャムニャム
そわそわ □ 안절부절 アンジョルブジョル	ひそひそ □ 속닥속닥 ソクタクソクタク
大騒ぎ □ 난리 ナルリ	勘／センス □ 눈치 ヌンチ 「相手の気持ちを読み取る察知能力」の意味でよく使われる。
驚いて口を塞ぐこと □ 입틀막 イプトゥルマク 元の言葉 입을 틀어 막다 イブル トゥロ マクタ	

□ 雰囲気がシラけること
갑분싸
カップンッサ

元の言葉
갑자기 분위기가 싸해지다
カプチャギ プニギガ ッサヘジダ

□ メンタル崩壊
멘붕
メンブン

元の言葉
멘탈붕괴
メンタルブングェ

精神が崩壊するほど呆然とすること。

□ 現実自覚タイム
현타
ヒョンタ

元の言葉
현실 자각 타임
ヒョンシル チャガク タイム

急に気持ちが醒めてしまうこと。

□ 大事件
대박사건
テバクサッコン

□ 焦土化
초토화
チョトファ

誰かの衝撃的な一言でその場の流れが止まったようになること。

□ 歴代級
역대급
ヨクテクプ

「今までにないほど最高だ」という意味でよく使われる。

□ 現実否定
현실부정
ヒョンシルブジョン

□ 視線強奪
시선강탈
シソンガンタル

□ 意味深長
의미심장
ウィミシムジャン

□ 修羅場
아수라장
アスラジャン

□ 無我之境
무아지경
ムアジギョン

「無我の境地」という意味。我を忘れて何かに集中している状態のこと。

□ 優柔不断
우유부단
ウユブダン

□ 沈思黙考
심사숙고
シムサスッコ

□ 興味津々
흥미진진
フンミジンジン

□ 自信満々
자신만만
チャシンマンマン

□ 滅茶苦茶
엉망진창
オンマンチンチャン

□ 放送事故
방송사고
パンソンサゴ

ミニゲーム

必死になってゲームする推したちを応援したい！

ミニゲーム ☐ 미니 게임 ミニ ケイム	クイズ ☐ 퀴즈 クィジュ
バトル ☐ 배틀 ペトゥル	種目 ☐ 종목 チョンモク
問題 ☐ 문제 ムンジェ	ヒント ☐ 힌트 ヒントゥ
正解 ☐ 정답 チョンダプ	対決 ☐ 대결 テギョル
ピンポーン ☐ 딩동땡 ティンドンッテン	ブブー ☐ 땡 ッテン
競技 ☐ 경기 キョンギ	ライバル ☐ 라이벌 ライボル
結果 ☐ 결과 キョルグァ	ハズレ／期待外れ ☐ 꽝 ックァン
勝利 ☐ 승리 スンニ	敗北 ☐ 패배 ペベ

接戦 ☐ 박빙 パクピン 直訳は「薄氷」。同じ意味で접전（チョプチョン）ともいう。	引き分け ☐ 무승부 ムスンブ
逆転 ☐ 역전 ヨクチョン	優勝 ☐ 우승 ウスン
反則 ☐ 반칙 パンチク	パス ☐ 패스 ペス
タイム ☐ 타임 タイム	点数 ☐ 점수 チョムス
成功 ☐ 성공 ソンゴン	失敗 ☐ 실패 シルペ
ミス ☐ 실수 シルス	防御 ☐ 방어 パンオ
審判 ☐ 심판 シムパン	ミッション ☐ 미션 ミション
始め ☐ 시작 シジャク	攻撃 ☐ 공격 コンギョク
チーム ☐ 팀 ティム	ファイト！ ☐ 화이팅! ファイティン
ハイタッチ ☐ 하이파이브 ハイパイブ	ジャンケンポン ☐ 가위바위보 カウィバウィボ

あいうえお作文 □ 삼행시 サメンシ	しりとり □ 끝말잇기 ックンマリッキ
ものまね □ 성대모사 ソンデモサ	親父ギャグ □ 아재 개그 アジェ　ケグ 아재は「おじさん」아저씨（アジョッシ）の俗語。
あみだくじ □ 사다리타기 サダリタギ	ダンスバトル □ 댄스 배틀 テンス　ペトゥル
嘘発見器 □ 거짓말 탐지기 コジンマル　タムジギ	ジェスチャーゲーム □ 제스처 게임 チェスチョ　ケイム

一心同体ゲーム
□ 일심동체 게임
イルシムドンチェ　ケイム

お題に合わせて、ポーズや回答をそろえるゲーム。

イヤホンガンガンゲーム
□ 고요속의 외침 게임
コヨソゲ　ウェチム　ケイム

直訳は「静寂の中の叫び」。イヤホンをしたままの伝言ゲーム。

ランダムプレイダンス
□ 랜덤 플레이 댄스
レンドム　プルレイ　テンス

ランダムに流れる曲に合わせて踊るゲーム。

歌のタイトル当てゲーム
□ 노래 제목 맞추기 게임
ノレ　チェモク　マッチュギ　ケイム

外来語禁止ゲーム
□ 외래어 금지 게임
ウェレオ　クムジ　ケイム

だるまさんが転んだ
□ 무궁화 꽃이 피었습니다
ムグンファ　ッコチ　ピオッスムニダ

リアクション

簡単にマネできる！　出演者たちのリアクション集。

リアクション □ 리액션 リエクション	やったー！ □ 앗싸! アッサ
熱っ！ □ 뜨거! ットゥゴ	ヤバい！／すごい！ □ 대박! テバク
それな！ □ 내 말이! ネ　マリ	正気なの？ □ 미쳤어? ミチョッソ
どうか頼む… □ 제발… チェバル	終わった。／詰んだ。 □ 망했다. マンヘッタ
マジで笑える。 □ 진짜 웃기다. チンッチャ　ウッキダ	爆笑した。 □ 빵터졌어. ッパントジョッソ
ありえない。 □ 말도 안 돼. マルド　アン　ドゥェ	ムカつく。 □ 짜증나. ッチャジュンナ
えっ!? □ 헐!? ホル	やりすぎだよ。 □ 오버야. オボヤ 英語のoverが由来。
まさか… □ 설마… ソルマ	うわっ！ □ 깜짝이야! ッカムチャギヤ 驚いたときに、反射的に出るイメージ。

CHAPTER 3

テレビ・動画

音楽番組基本単語

日本でも大人気！　ほぼ毎日放送される韓国の音楽番組。

受賞
수상
スサン

感想
소감
ソガム

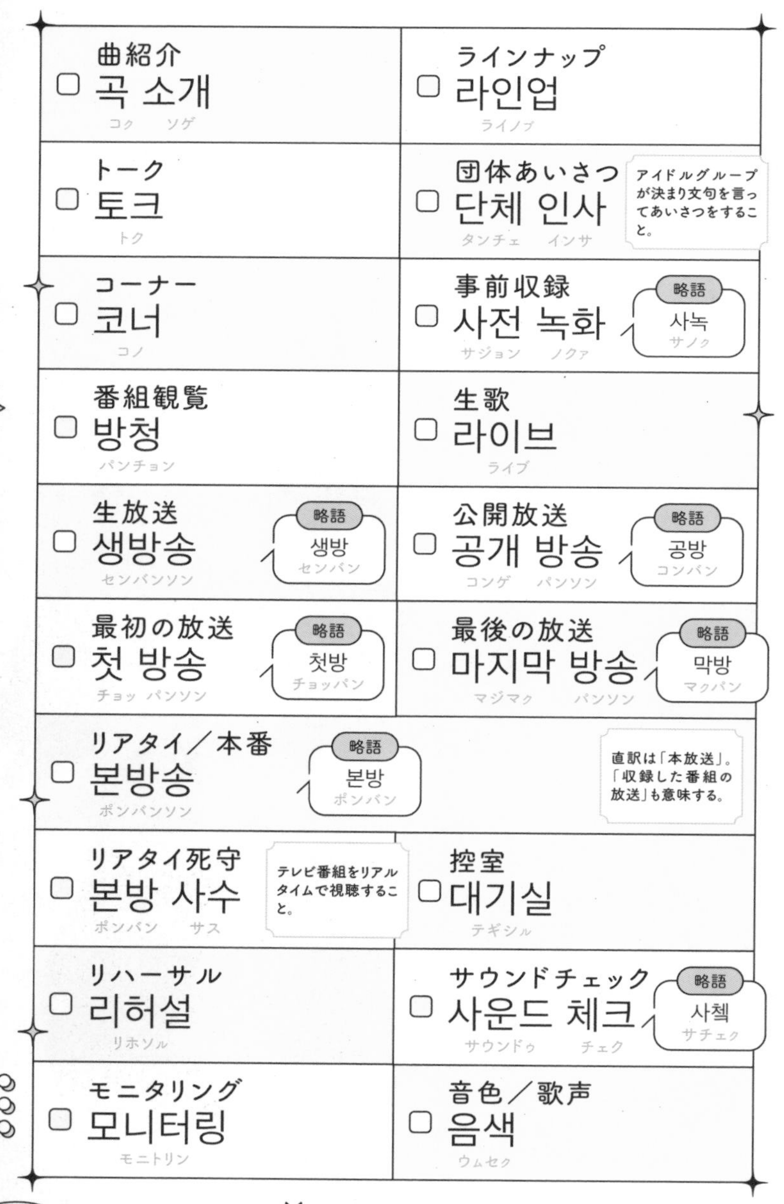

- □ 곡 소개（コク ソゲ）：曲紹介
- □ 라인업（ライノプ）：ラインナップ
- □ 토크（トク）：トーク
- □ 단체 인사（タンチェ インサ）：団体あいさつ
  - アイドルグループが決まり文句を言ってあいさつをすること。
- □ 코너（コノ）：コーナー
- □ 사전 녹화（サジョン ノクァ）：事前収録
  - 略語：사녹（サノク）
- □ 방청（パンチョン）：番組観覧
- □ 라이브（ライブ）：生歌
- □ 생방송（センバンソン）：生放送
  - 略語：생방（センバン）
- □ 공개 방송（コンゲ パンソン）：公開放送
  - 略語：공방（コンバン）
- □ 첫 방송（チョッ パンソン）：最初の放送
  - 略語：첫방（チョッパン）
- □ 마지막 방송（マジマク パンソン）：最後の放送
  - 略語：막방（マクパン）
- □ 본방송（ポンバンソン）：リアタイ／本番
  - 略語：본방（ポンバン）
  - 直訳は「本放送」。「収録した番組の放送」も意味する。
- □ 본방 사수（ポンバン サス）：リアタイ死守
  - テレビ番組をリアルタイムで視聴すること。
- □ 대기실（テギシル）：控室
- □ 리허설（リホソル）：リハーサル
- □ 사운드 체크（サウンドゥ チェク）：サウンドチェック
  - 略語：사첵（サチェク）
- □ 모니터링（モニトリン）：モニタリング
- □ 음색（ウムセク）：音色／歌声

- [ ] アンコールステージ
  앵콜 무대
  エンコル ムデ
  1位を獲得した人が番組最後に披露するステージのこと。

- [ ] 推しカメラ
  직캠
  チクケム
  元の言葉：직접 찍은 캠 동영상（チクチョプ ッチグン ケム トンヨンサン）
  直訳は「直接撮った動画」。メンバー一人を追った映像のこと。

- [ ] エンディング妖精
  엔딩 요정
  エンディン ヨジョン
  パフォーマンスの最後にクローズアップされるメンバーのこと。

- [ ] 表情演技
  표정 연기
  ピョジョン ヨンギ
  パフォーマンス中の表情作りのこと。

- [ ] THE SHOW
  더 쇼
  ト ショ
  火曜日放送の音楽番組。

- [ ] SHOW CHAMPION
  쇼챔피언
  ショチェムピオン
  略語：쇼챔（ショチェム）
  水曜日放送の音楽番組。

- [ ] M COUNTDOWN
  엠 카운트다운
  エム カウントゥダウン
  略語：엠카（エムカ）
  木曜日放送の音楽番組。

- [ ] ミュージックバンク
  뮤직뱅크
  ミュジクベンク
  略語：뮤뱅（ミュベン）
  金曜日放送の音楽番組。

- [ ] ショー! K-POPの中心
  쇼! 음악중심
  ショ ウマクチュンシム
  略語：음중（ウムジュン）
  土曜日放送の音楽番組。

- [ ] SBS人気歌謡
  SBS인기가요
  エスビエスインキガヨ
  略語：인가（インガ）
  日曜日放送の音楽番組。

投票・採点

音楽番組の投票と採点に関する言葉も覚えておこう!

- 投票
  □ 투표 トゥピョ
  略語 툽 トゥプ
- 点数
  □ 점수 チョムス
- 事前投票
  □ 사전 투표 サジョン トゥピョ
- オンライン投票
  □ 온라인 투표 オルライン トゥピョ
  略語 온투 オントゥ
- SMS投票
  □ 문자 투표 ムンチャ トゥピョ
  略語 문투 ムントゥ
- 生放送投票
  □ 생방 투표 センバン トゥピョ
- グローバルファン投票
  □ 글로벌 팬 투표 クルロボル ペン トゥピョ
- ダウンロード
  □ 다운로드 タウンロドゥ
  略語 다운 タウン
- ストリーミング
  □ 스트리밍 ストゥリミン
  略語 스밍 スミン
  ネット上で音楽や動画を再生すること。
- ミュージックビデオストリーミング
  □ 뮤직비디오 스트리밍 ミュジクビディオ ストゥリミン
  略語 뮤밍 ミュミン
- 音源点数
  □ 음원 점수 ウムォン チョムス
- 音盤点数
  □ 음반 점수 ウムバン チョムス
- 放送点数
  □ 방송 점수 パンソン チョムス
- チャート
  □ 차트 チャトゥ

チャート逆走 □ 역주행 ヨクチュヘン チャートアウトした楽曲が、チャートを上昇していくこと。	ヒット □ 히트 ヒトゥ
1位 □ 1위 イルィ	候補 □ 후보 フボ
予約注文 □ 선주문 ソンジュムン	販売量 □ 판매량 パンメリャン
初動 □ 초동 チョドン	突破 □ 돌파 トルパ
～冠王 □ 관왕 クァヌァン	トリプルクラウン □ 트리플 크라운 トゥリプル　クラウン
音源強者 □ 음원 강자 ウムォン　カンジャ 音源成績がとくに優れているアーティストのこと。	記録 □ 기록 キロク
達成 □ 달성 タルソン	連続 □ 연속 ヨンソク

推しを1位にするためのファンの努力！

日本と違い、韓国の音楽番組では番組内でランキング形式による順位決定があります。指標は番組によって変わりますが、音源ダウンロード数、アルバム販売数、動画視聴数、SMSでの投票数などがあります。1位獲得のためには、アイドルもファンも涙ぐましい努力が必要になるのです。

受賞コメント

1位を獲得したアイドルたちのグッとくる受賞コメント！

- □ 変わることなく応援してくださったみなさん
  한결같이 응원해 주신 여러분
  ハンギョルガチ ウンウォネ ジュシン ヨロブン
- □ 幸せな瞬間を作ってくださったみなさん
  행복한 순간을 만들어 주신 여러분
  ヘンボカン スンガヌㇽ マンドゥロ ジュシン ヨロブン
- □ みなさんのおかげですごく幸せです。
  여러분들 덕분에 너무 행복합니다.
  ヨロブンドゥㇽ トㇰプネ ノム ヘンボカㇺニダ
- □ この場所に立つことができて光栄です。
  이 자리에 설 수 있어서 영광입니다.
  イ チャリエ ソㇽ ス イッソソ ヨングァンイㇺニダ
- □ 意味深い大賞を受け取ることができました。
  뜻깊은 대상을 받게 되었습니다.
  ットゥッキプン テサンウㇽ パッケ トゥェオッスㇺニダ
- □ 応援してくださりありがとうございます。
  응원해 주셔서 감사합니다.
  ウンウォネ ジュショソ カㇺサハㇺニダ
- □ 特別なプレゼントをありがとうございます。
  특별한 선물을 감사합니다.
  トゥㇰピョラン ソンムルㇽ カㇺサハㇺニダ
- □ これからもさらに頑張ります。
  앞으로도 더 열심히 하겠습니다.
  アプロド ト ヨㇽシミ ハゲッスㇺニダ

授賞式・歌謡祭

年末の風物詩として豪華な授賞式や歌謡祭も要チェック!

年末 ☐ 연말 ヨンマル	レッドカーペット ☐ 레드 카펫 レドゥ カペッ
フォトゾーン ☐ 포토 존 ポト チョン	Mnet Asian Music Awards(MAMA) ☐ 엠넷 아시안 뮤직 어워즈 エムネッアシアン ミュジク オウォジュ
Melon Music Awards(MMA) ☐ 멜론 뮤직 어워드 メルロン ミュジク オウォドゥ	Asia Artist Awards(AAA) ☐ 아시아 아티스트 어워즈 アシア アティストゥ オウォジュ
Golden Disc Awards(GDA) ☐ 골든 디스크 어워즈 コルドゥン ティスク オウォジュ	KBS歌謡祭 ☐ KBS 가요대축제 ケイビエス カヨデチュクチェ
SBS歌謡大祭典 ☐ SBS 가요대전 エスビエス カヨデジョン	MBC歌謡大祭典 ☐ MBC 가요대제전 エムビシ カヨデジェジョン
授賞式 ☐ 시상식 シサンシク	ノミネート ☐ 노미네이트 ノミネイトゥ
部門 ☐ 부문 プムン	大賞 ☐ 대상 テサン
新人賞 ☐ 신인상 シニンサン	今年の歌手賞 ☐ 올해 가수상 オレ カスサン

オーディション番組

推しをデビューさせるために今日も投票を!

オーディション □ 오디션 オディション	サバイバル □ 서바이벌 ソバイボル
出身 □ 출신 チュルシン	ピック □ 픽 ピク
ワンピック □ 원픽 ウォンピク 一番推している練習生のこと。単純に「推し」も意味する。	トレーナー □ 트레이너 トゥレイノ
実力 □ 실력 シルリョク	原曲 □ 원곡 ウォンゴク
レベル分けテスト □ 레벨 테스트 レベル テストゥ	グループバトル □ 그룹 배틀 クルブ ペトゥル
順位 □ 순위 スヌィ	順位発表式 □ 순위 발표식 スヌィ パルピョシク 略語 순발식 スンバルシク
脱落者 □ 탈락자 タルラクチャ	生存者 □ 생존자 センジョンジャ
成長 □ 성장 ソンジャン	ベネフィット □ 베네핏 ベネピッ 高い評価を受けたときに加算されるアドバンテージ。

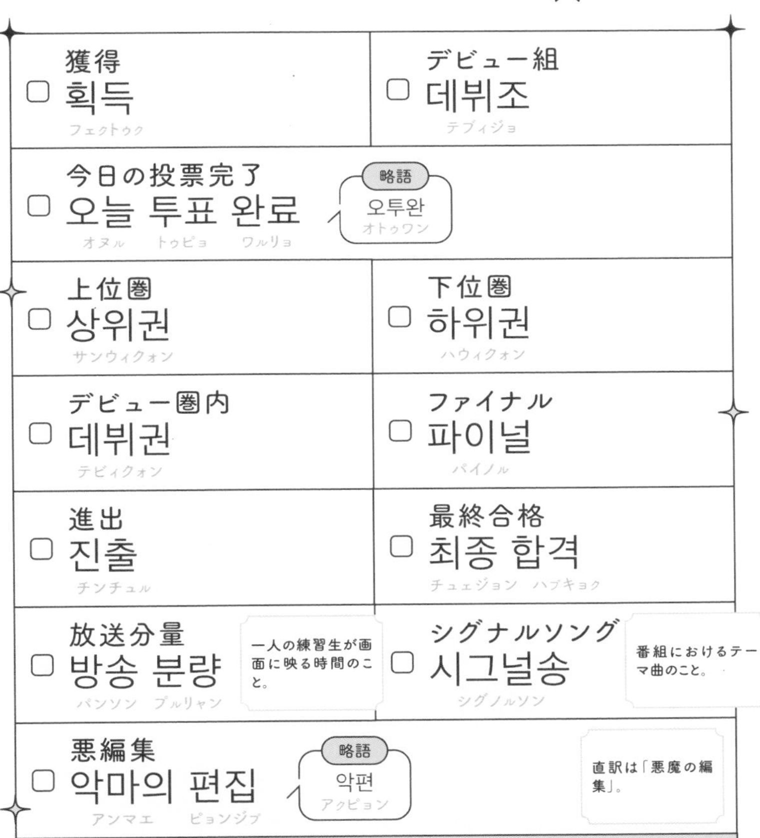

- 獲得 **획득** フェクトゥク
- デビュー組 **데뷔조** テビィジョ
- 今日の投票完了 **오늘 투표 완료** オヌル トゥピョ ワルリョ
  - 略語 오투완 オトゥワン
- 上位圏 **상위권** サンウィクォン
- 下位圏 **하위권** ハウィクォン
- デビュー圏内 **데뷔권** テビィクォン
- ファイナル **파이널** パイノル
- 進出 **진출** チンチュル
- 最終合格 **최종 합격** チュェジョン ハブキョク
- 放送分量 **방송 분량** パンソン プルリャン
  - 一人の練習生が画面に映る時間のこと。
- シグナルソング **시그널송** シグノルソン
  - 番組におけるテーマ曲のこと。
- 悪編集 **악마의 편집** アンマエ ピョンジプ
  - 略語 악편 アクピョン
  - 直訳は「悪魔の編集」。

MEMO

オーディション番組で勝敗を分ける要素

大勢の練習生がデビューを目指すオーディション番組。放送時間内にすべての練習生を平等に映せるわけではないので、「放送分量」によって明暗が分かれるときもあります。また、「悪編集」によって練習生の言動が意図的にネガティブに演出され、ファンたちが運営に対して抗議の声を上げることも。

動画

種類が豊富な動画コンテンツはチェックが欠かせない！

動画 □ 동영상 トンヨンサン	YouTube □ 유튜브 ユティュブ
YouTubeショート □ 유튜브 쇼츠 ユティュブ ショチュ	YouTuber □ 유튜버 ユティュボ
チャンネル □ 채널 チェノル	チャンネル登録 □ 채널 구독 チェノル クドク
再生回数 □ 조회수 チョフェス	高評価 □ 좋아요 チョアヨ
低評価 □ 싫어요 シロヨ	アップロード □ 업로드 オムノドゥ
公開日 □ 공개일 コンゲイル	先行公開 □ 선공개 ソンゴンゲ
サムネイル □ 썸네일 ッソムネイル	メンバーシップ □ 멤버십 メムボシプ
ティザー □ 티저 ティジョ	ミュージックビデオ □ 뮤직비디오 ミュジクビディオ 略語 뮤비 ミュビ

ハイライトメドレー
☐ 하이라이트 메들리
ハイライトゥ メドゥルリ
略語 하라메 ハラメ

コンセプトトレーラー
☐ 콘셉트 트레일러
コンセプトゥ トゥレイルロ
略語 컨트 コントゥ

ダンスプラクティス
☐ 안무 연습
アンム ヨンスプ

ビハインド
☐ 비하인드
ピハインドゥ

リレーダンス
☐ 릴레이 댄스
リルレイ テンス
略語 릴댄 リルデン

メンバーが一列に並び、リレー形式でダンスをする動画のこと。

メイキング映像
☐ 메이킹 영상
メイキン ヨンサン

未公開映像
☐ 미공개 영상
ミゴンゲ ヨンサン

自主制作コンテンツ
☐ 자체 콘텐츠
チャチェ コンテンチュ
略語 자컨 チャコン

事務所によって運営されているアイドルの動画コンテンツのこと。

Vlog
☐ 브이로그
ブイログ

アーティスト保護
☐ 아티스트 보호
アティストゥ ポホ

アイドルが変顔をしたときなどにモザイクをかける編集のこと。

MEMO

愛を伝えるための多様なコメント

アイドルの動画には韓国のファンが表現豊かなコメントをよく残しています。「昨日生まれた子犬じゃない?」「世界初、踊る天才タヌキ」などアイドルを動物に例えたものから、「かっこよすぎて心臓が痛い」「かわいすぎて地球が壊れる」など自分の感情の高まりを示すものまでさまざま。ぜひチェックしてみてください。

column

よく使われている動画検索ワード

韓国のインフルエンサーの動画タイトルでよく使われるワードを集めました。現地のリアルな情報がゲットできるかも?

日常	
バッグの中身	가방 털기 カバン トルギ
人生アイテム	인생템 インセンテム
ルームツアー	룸투어 ルムトゥオ
ルックブック	룩북 ルクプク
癒やしの旅	힐링 여행 ヒルリン ヨヘン

推し活	
曲まとめ	노래 모음 ノレ モウム
アルバム開封	앨범깡 エルボムッカン
推し活Vlog	○○(ファンダム名)로그 ログ

勉強	
一緒に勉強しよう	같이 공부해요 カチ コンブヘヨ
テスト期間	시험기간 シホムギガン
大学生の一日	대학생 하루 テハクセン ハル

CHAPTER

4

SNS・ネット

スマホ・ネット基本単語

ガジェットの名前からスマホの基本操作まで覚えよう！

携帯電話	핸드폰 / 휴대폰	ヘンドゥポン / ヒュデポン	
スマホ	스마트폰	スマトゥポン	略語：폰（ポン）
タブレット	태블릿	テブルリッ	
PC	피시	ピシ	日本で定着している「パソコン」という語句は韓国では使わない。
インターネット	인터넷	イントネッ	
サイト	사이트	サイトゥ	
公式ファンカフェ	공식 팬 카페	コンシク ペン カペ	略語：공카（コンカ）／所属事務所が運営する、ファンクラブのようなコミュニティサイト。
NAVER	네이버	ネイボ	韓国で最も使われている検索ポータルサイト。
掲示板	게시판	ケシパン	
電話	전화	チョヌァ	
電話番号	전화번호	チョヌァボノ	略語：전번（チョンボン）
メール	메일	メイル	
メールアドレス	메일 주소	メイル チュソ	
充電器	충전기	チュンジョンギ	
アプリ	앱	エプ	

ログイン ☐ 로그인 ログイン	ログアウト ☐ 로그아웃 ログアウッ
パスワード ☐ 비밀번호 ピミルボノ 略語 비번 ピボン	検索 ☐ 검색 コムセク
履歴 ☐ 이력 イリョク	投稿 ☐ 게시물 ケシムル
編集 ☐ 편집 ピョンジプ	入力 ☐ 입력 イムニョク
選択 ☐ 선택 ソンテク	追加 ☐ 추가 チュガ
保存 ☐ 저장 チョジャン	削除 ☐ 삭제 サクチェ
設定 ☐ 설정 ソルチョン	共有 ☐ 공유 コンユ
拡散 ☐ 확산 ファクサン	引用 ☐ 인용 イニョン
記事 ☐ 기사 キサ	待ち受け画面／壁紙 ☐ 배경화면 ペギョンファミョン
打ち間違い ☐ 오타 オタ	スクリーンショット ☐ 스크린 숏 スクリン ショッ 略語 스샷 スシャッ

SNS基本単語

各SNSで使える基本単語をチェックしておこう!

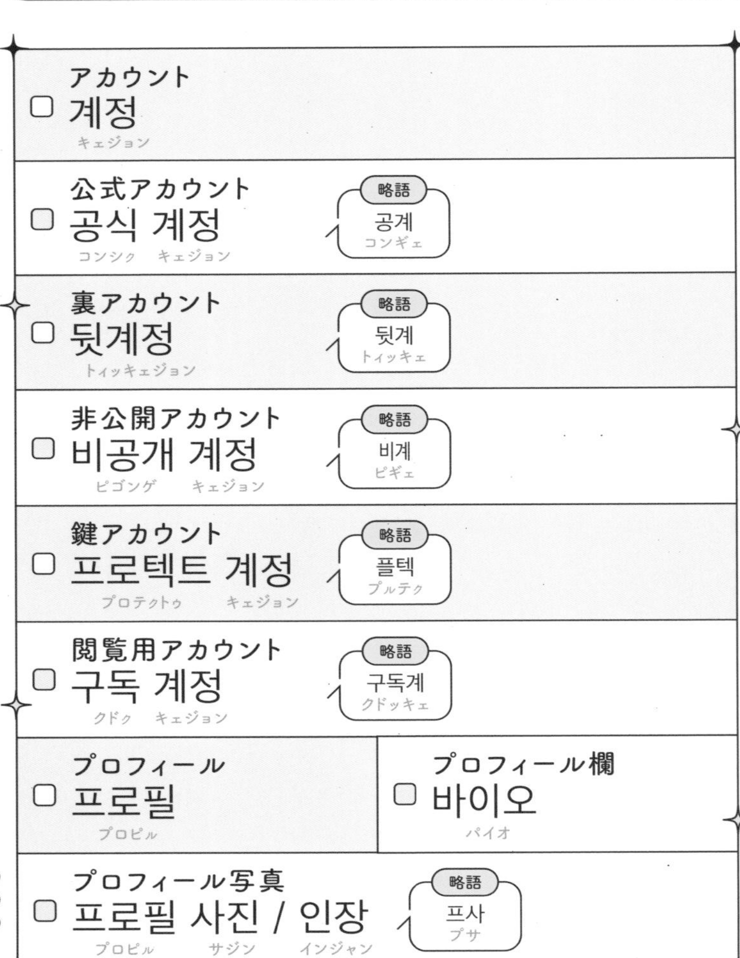

日本語	韓国語	読み	略語
アカウント	계정	キェジョン	
公式アカウント	공식 계정	コンシク キェジョン	공계（コンギェ）
裏アカウント	뒷계정	トィッキェジョン	뒷계（トィッキェ）
非公開アカウント	비공개 계정	ピゴンゲ キェジョン	비계（ピギェ）
鍵アカウント	프로텍트 계정	プロテクトゥ キェジョン	플텍（プルテク）
閲覧用アカウント	구독 계정	クドク キェジョン	구독계（クドッキェ）
プロフィール	프로필	プロピル	
プロフィール欄	바이오	パイオ	
プロフィール写真	프로필 사진 / 인장	プロピル サジン インジャン	프사（プサ）

- ヘッダー
  □ 헤더
  ヘド

- ユーザー
  □ 유저 / 사용자
  ユジョ　サヨンジャ

- ユーザーネーム
  □ 유저 네임
  ユジョ　ネイム

- 通知
  □ 알림
  アルリム

- ホーム画面
  □ 홈 화면
  ホム　ファミョン

- タイムライン
  □ 타임라인
  タイムライン
  略語 탐라 タムラ

- DM
  □ 디엠 / 쪽지
  ティエム　ッチョクチ
  쪽지は直訳すると「紙切れ、メモ」。こちらの意味でもよく使われる。

- リスト
  □ 리스트 / 목록
  リストゥ　モンノク

- タグ
  □ 태그
  テグ

- フォロー
  □ 팔로우
  パルロウ
  略語 팔로 パルロ

- フォロワー
  □ 팔로워
  パルロウォ

- ポスト
  □ 포스팅
  ポスティン

- リプライ
  □ 답글
  タプクル

- スレッド
  □ 타래
  タレ
  SNS上で「リプに続く」のような意味で使われる。

- いいね
  □ 좋아요
  チョアヨ

- ハート
  □ 하트 / 마음
  ハトゥ　マウム

- ブックマーク
  □ 북마크
  プンマク

- お気に入り
  □ 즐겨찾기
  チュルギョチャッキ
  略語 즐찾 チュルチャッ

- メンション
  □ 멘션
  メンション

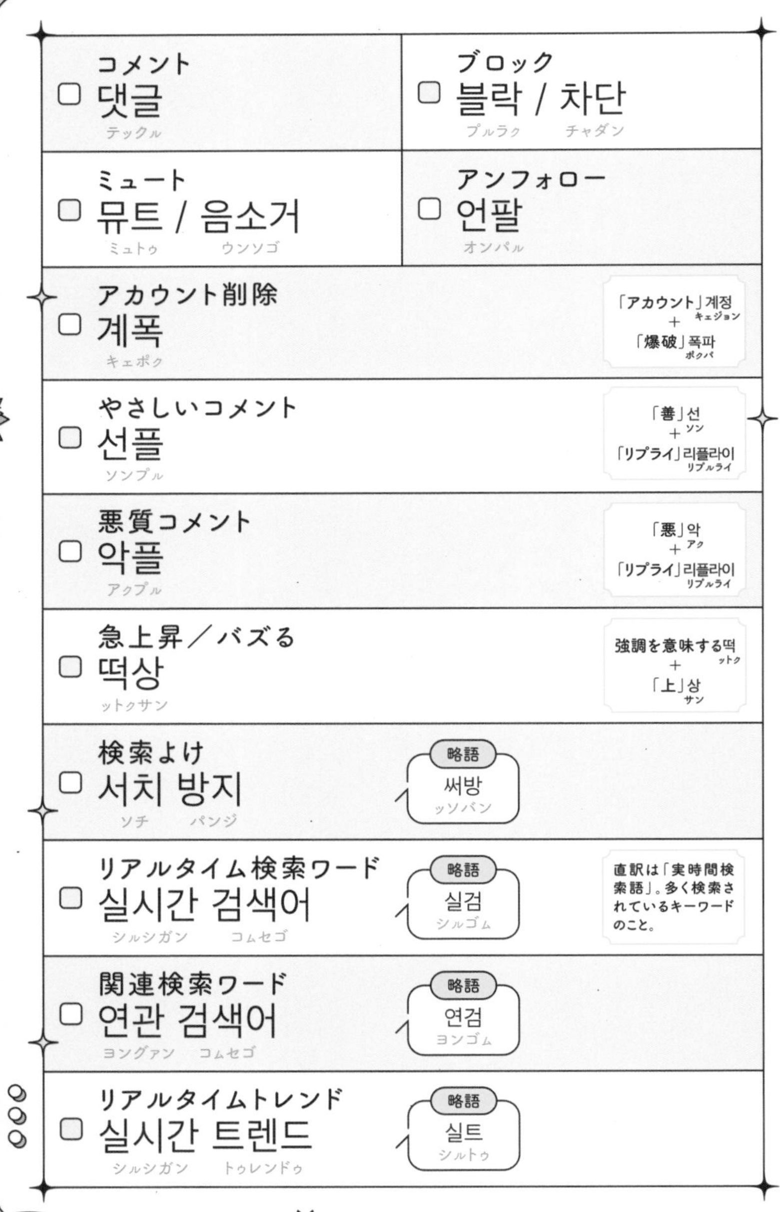

コメント ☐ 댓글 テックル	ブロック ☐ 블락 / 차단 プルラク　チャダン
ミュート ☐ 뮤트 / 음소거 ミュトゥ　ウンソゴ	アンフォロー ☐ 언팔 オンパル

アカウント削除
☐ 계폭
キェポク
「アカウント」계정(キェジョン)＋「爆破」폭파(ポクパ)

やさしいコメント
☐ 선플
ソンプル
「善」선(ソン)＋「リプライ」리플라이(リプルライ)

悪質コメント
☐ 악플
アクプル
「悪」악(アク)＋「リプライ」리플라이(リプルライ)

急上昇／バズる
☐ 떡상
ットクサン
強調を意味する떡(ットク)＋「上」상(サン)

検索よけ
☐ 서치 방지
ソチ　パンジ
略語：써방（ッソバン）

リアルタイム検索ワード
☐ 실시간 검색어
シルシガン　コムセゴ
略語：실검（シルゴム）
直訳は「実時間検索語」。多く検索されているキーワードのこと。

関連検索ワード
☐ 연관 검색어
ヨングァン　コムセゴ
略語：연검（ヨンゴム）

リアルタイムトレンド
☐ 실시간 트렌드
シルシガン　トゥレンドゥ
略語：실트（シルトゥ）

画像 □ 이미지 イミジ	グラビア □ 화보 ファボ 「雑誌掲載用に撮られた写真」という意味でSNS上でよく使われる。
写真 □ 사진 サジン	話題 □ 화제 / 이슈 ファジェ イシュ
ネタ □ 떡밥 ットクパプ 直訳は「練餌」。話題をエサにたとえているイメージ。	エゴサーチ □ 에고 서핑 エゴ ソピン 서핑は「サーフィン」という意味。

レビュー／口コミ
□ 후기
フギ

直訳は「後記」。「詳細なレビュー」は나노후기（ナノフギ）。

ファンじゃなくても保存
□ 팬아저
ペナジョ

元の言葉
팬이 아니어도 저장
ペニ アニオド チョジャン

いいねをすること
□ 맘찍
マムッチク

「ハート」마음（マウム）＋「押す」찍다（ッチクタ）

ネット画像を拾うこと
□ 짤줍
ッチャルジュプ

「ネット画像」짤방（ッチャルバン）＋「拾う」줍다（チュプタ）

リプライパーティー
□ 멘션 파티
メンション パティ

略語
멘파
メンパ

芸能人がファンのコメントに対し、リプライをするイベントのこと。

MEMO おもしろい画像の使い方

感情表現のためにスタンプのように使われるネット画像を짤방（ッチャルバン）といいます。かつて画像をアップすることが投稿の「削除防止」짤리기 방지（ッチャルリギパンジ）になったことが由来です。

CHAPTER 4

SNS・ネット

チャット基本単語

韓国で主流のチャットツールはカカオトーク!

- ☐ カカオトーク
  카카오톡 カカオトク
  略語：카톡 カトク
  韓国で最も使われているメッセージアプリ。
- ☐ bubble
  버블 ポブル
  アーティストとチャットができるサービスのこと。
- ☐ 既読
  읽음 イルグム
- ☐ 既読無視
  읽씹 イクッシプ
  元の言葉：읽고 씹기 イルコ ッシプキ
- ☐ 未読無視
  안읽씹 アニクッシプ
  元の言葉：안 읽고 씹기 アン イルコ ッシプキ
- ☐ 個人トーク
  개인 톡 ケイン トク
  略語：갠톡 ケントク
- ☐ グループトーク
  단체 톡 タンチェ トク
  略語：단톡 タントク
- ☐ オープンチャット
  오픈 채팅 オプン チェティン
  略語：옵챗 オプチェッ
- ☐ 禁止語
  금지어 クムジオ
  bubbleなどのコミュニティ内で禁止されている言葉のこと。
- ☐ 通話
  통화 トンファ
- ☐ 不在着信
  부재중 전화 プジェジュン チョヌァ
- ☐ 友達追加
  친구 추가 チング チュガ
  略語：친추 チンチュ
- ☐ 交換
  교환 キョファン
- ☐ 招待
  초대 チョデ
- ☐ メッセージ
  메시지 メシジ
- ☐ 返信
  답장 タプチャン
- ☐ ステータスメッセージ
  상태 메시지 サンテ メシジ
  略語：상메 サンメ

CHAPTER 4 SNS・ネット

チャット用語

解読が難しいチャット用語、元の言葉は予想できるかな？

うんうん □ ㅇㅇ ウンウン 元の言葉：응응 ウンウン	ｗｗｗ □ ㅋㅋㅋ ククク 元の言葉：크크크 ククク
フフフ □ ㅎㅎㅎ フフフ 元の言葉：흐흐흐 フフフ	涙 □ ㅜㅜ / ㅠㅠ 目から涙を流して悲しんでいる様子を表したもの。
ムカつく □ ㅉㅈㄴ ッチャジュンナ 元の言葉：짜증나 ッチャジュンナ	ぶるぶる □ ㄷㄷ トルドル 元の言葉：덜덜 トルドル
どきどき □ ㄷㄱㄷㄱ トゥグンドゥグン 元の言葉：두근두근 トゥグンドゥグン	お疲れ □ ㅅㄱ スゴ 元の言葉：수고 スゴ
なぜ？ □ ㅇ? ウェ 元の言葉：왜? ウェ	大丈夫 □ ㄱㅊ クェンチャナ 元の言葉：괜찮아 クェンチャナ
ありがとう □ ㄱㅅ カムサ 元の言葉：감사 カムサ	ごめん □ ㅈㅅ チュェソン 元の言葉：죄송 チュェソン
愛してる □ ㅅㄹㅎ サランヘ 元の言葉：사랑해 サランヘ	やっほー □ ㅎㅇ ハイ 元の言葉：하이 ハイ
どこ □ ㅇㄷ オディ 元の言葉：어디 オディ	待って □ ㄱㄷ キダリョ 元の言葉：기다려 キダリョ

□ GOGO ㄱㄱ コゴ	元の言葉 고고 コゴ	
□ ナイス ㄴㅇㅅ ナイス	元の言葉 나이스 ナイス	
□ イマイチ ㅂㄹ ピョルロ	元の言葉 별로 ピョルロ	
□ 知らない ㅁㄹ モルラ	元の言葉 몰라 モルラ	
□ おめでとう ㅊㅋ チュカ	元の言葉 축하해 チュカヘ	축하해の発音が추카해(チュカヘ)のため、その略語になっている。
□ ヤダ ㅅㄹ シロ	元の言葉 싫어 シロ	
□ OK ㅇㅋ オケイ	元の言葉 오케이 オケイ	
□ NONO ㄴㄴ ノノ	元の言葉 노노 ノノ	
□ バイバイ ㅂㅂ バイバイ	元の言葉 바이바이 バイバイ	
□ かわいい ㄱㅇㅇ / ㅋㅇㅇ クィヨウォ　クィヨウォ	元の言葉 귀여워 クィヨウォ	形が似ているため、700と書くことも。
□ マジで? ㄹㅇ? リオル	元の言葉 리얼 リオル	直訳は「Real?」。
□ 認める ㅇㅈ インジョン	元の言葉 인정 インジョン	直訳は「認定」。納得したときなどに使う。
□ 反論不可 ㅂㅂㅂㄱ パンバクプルガ	元の言葉 반박 불가 パンバク プルガ	「異論は認めない」というニュアンスで使う。
□ 誕生日おめでとう ㅅㅊ センチュク	元の言葉 생축 センチュク	생축は생일 축하해(センイル チュカヘ)の略語。

CHAPTER 4

SNS・ネット

ハッシュタグ

書いてあるとおりに入力するだけで、一気に韓国女子っぽい♡

※「○○スタグラム」という名称の略語は「○○スタ」と「○○グラム」で表記が分かれていますが、実際の投稿数を調べ、より多くSNS上で使用されているものを採用しています（2024年2月現在）

フィード ☐ 피드 ピドゥ	ストーリーズ ☐ 스토리 ストリ
#いいね返し ☐ #좋반 チョッパン	#いいね歓迎 ☐ #좋아요환영 チョアヨファニョン
#フォロー返し ☐ #팔로우반사 パルロウバンサ	#フォローバック ☐ #팔로우백 パルロウベク
#先にフォロー ☐ #선팔 ソンパル	#フォローミー ☐ #팔로우미 パルロウミ
#相互フォロー ☐ #맞팔 マッパル	#繋がろう ☐ #소통 ソトン 直訳は「疎通」。

#インスタ友達
☐ #인친
インチン

「インスタグラム」인스타그램 インスタグレム
＋
「友達」친구 チング

#PR
☐ #협찬
ヒョプチャン

直訳は「協賛」。

#自腹で買った
☐ #내돈내산
ネドンネサン

元の言葉
내 돈 주고 내가 산 물건
ネ トン チュゴ ネガ サン ムルゴン

PRではないことを示す。

#自撮りスタグラム
☐ #셀스타그램
セルスタグレム

略語
#셀스타
セルスタ

#勉強スタグラム
☐ #공스타그램
コンスタグレム

略語
#공스타
コンスタ

- [ ] #服スタグラム
  #옷스타그램
  オッスタグレム
  略語 #옷스타 オッスタ
- [ ] #今日のコーデ
  #오오티디
  オオティディ
  OOTD（Outfit Of The Day）の韓国語読み。
- [ ] #鏡越しの自撮り
  #거울샷
  コウルシャッ
- [ ] #食スタグラム
  #먹스타그램
  モクスタグレム
  略語 #먹스타 モクスタ
- [ ] #今日何食べようかな
  #오늘뭐먹지
  オヌルムォモクチ
- [ ] #美味しい店
  #맛집
  マッチプ
  「味」맛（マッ）＋「店」집（チプ）
- [ ] #カフェスタグラム
  #카페스타그램
  カペスタグレム
  略語 #카페그램 カペグレム
- [ ] #おすすめカフェ
  #카페추천
  カペチュチョン
- [ ] #ジムスタグラム
  #헬스타그램
  ヘルスタグレム
  略語 #헬스타 ヘルスタ
- [ ] #ジム初心者
  #헬린이
  ヘルリニ
  「ジム」헬스（ヘルス）＋「子ども」어린이（オリニ）

#日常スタグラム
□ #일상스타그램
イルサンスタグレム

略語
#일상그램
イルサングレム

#日常
□ #일상
イルサン

#空き時間
□ #여유
ヨユ

#休暇
□ #휴가
ヒュガ

#家スタグラム
□ #집스타그램
チプスタグレム

略語
#집스타
チプスタ

#家を飾る
□ #집꾸미기
チプックミギ

#旅行スタグラム
□ #여행스타그램
ヨヘンスタグレム

略語
#여행그램
ヨヘングレム

#海外旅行
□ #해외여행
ヘウェヨヘン

#韓国旅行
□ #한국여행
ハングンニョヘン

#友情旅行
□ #우정여행
ウジョンヨヘン

ネット用語・若者言葉

自分で使うのは難しいけど、理解できると面白い！

- ○○お兄さん
  옵 オブ
  元の言葉 오빠 オッパ
  女性が男性アイドルを呼ぶときに、名前＋옵でよく使う。
- ○○赤ちゃん
  깅 キン
  元の言葉 아기 アギ
  子どもっぽいアイドルを呼ぶときに、名前＋깅でよく使う。
- アウトサイダー
  아싸 アッサ
  元の言葉 아웃사이더 アウッサイド
  集団に上手く溶け込めない人のこと。
- インサイダー
  인싸 インッサ
  元の言葉 인사이더 インサイド
  集団に上手く溶け込む人気者のこと。
- 暗黙の了解
  국룰 クンヌル
  「国民」국민（クンミン）＋「ルール」룰（ルル）
- お役立ちテクニック
  꿀팁 ックルティプ
  꿀の直訳は「ハチミツ」。「とても良い」という意味でもよく使われる。
- 凍え死んでもアイスアメリカーノ
  얼죽아 オルジュガ
  元の言葉 얼어 죽어도 아이스 아메리카노 オロ チュゴド アイス アメリカノ
- 自然なファッション
  꾸안꾸 ックアンック
  元の言葉 꾸민듯 안 꾸민듯 ックミンドゥッ アン ックミンドゥッ
  直訳は「着飾っているような着飾っていないような」。

タメロモード
□ 반모
パンモ
元の言葉
반말 모드
パンマル モドゥ
ネット上で「タメロで話しましょう」と言うときによく使う。

フィンガープリンセス
□ 핑프
ピンプ
元の言葉
핑거 프린세스
ピンゴ プリンセス
調べればわかることを人にすぐ聞く人のこと。

金の匙
□ 금수저
クムスジョ
生まれながら裕福な人のこと。

人生ショット
□ 인생샷
インセンシャッ
人生の中で一番よく撮れた写真のこと。

友達以上恋人未満の関係
□ 썸
ッソム
英語の「something」の「some」が由来。

遠距離恋愛
□ 롱디
ロンディ
英語の「long distance」が由来。

恋愛未経験者
□ 모쏠
モッソル
元の言葉
모태솔로
モテソルロ
直訳は「母胎ソロ」。恋人がいた経験がない人のこと。

すぐ恋に落ちる人
□ 금사빠
クムサッパ
元の言葉
금방 사랑에 빠지는 사람
クムバン サランエ ッパジヌン サラム

自然な出会いを求める人
□ 자만추
チャマンチュ
元の言葉
자연스러운 만남을 추구
チャヨンスロウン マンナムル チュグ

キープ
□ 어장 관리
オジャン クァルリ
直訳は「漁場管理」。

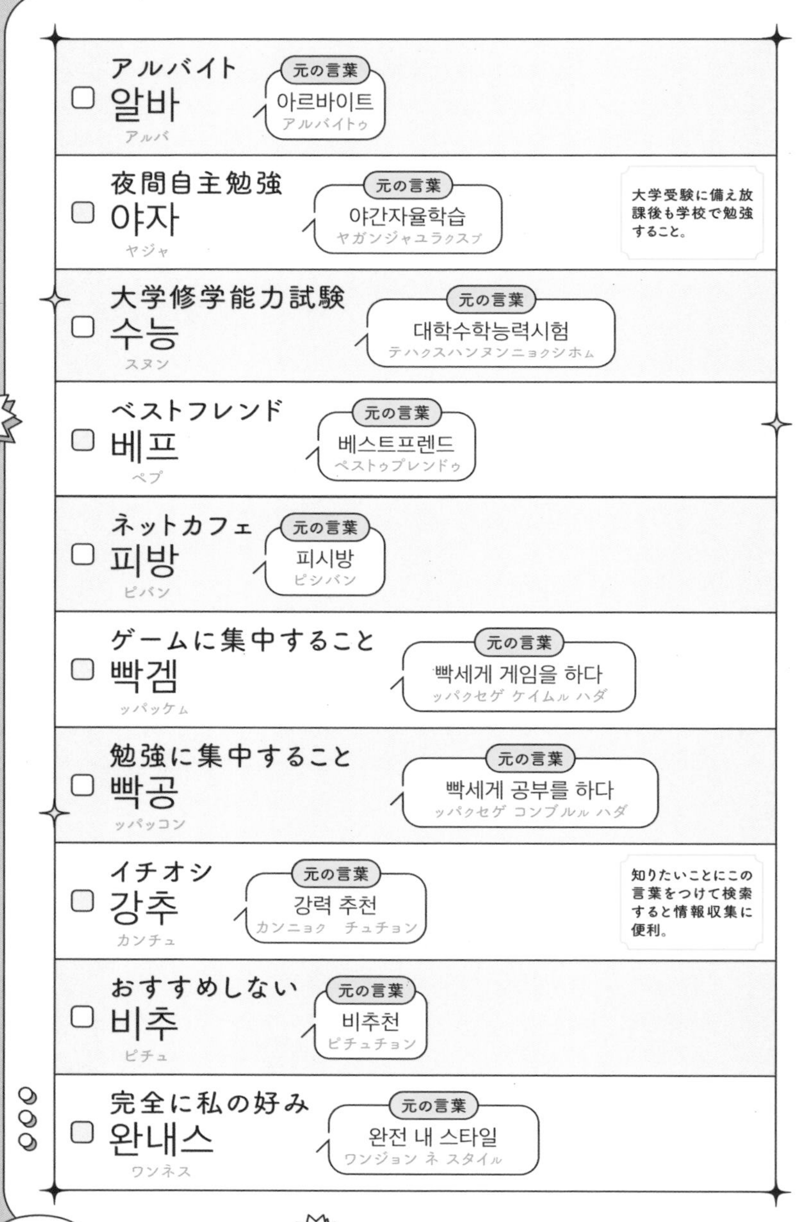

- [ ] アルバイト
알바 アルバ
元の言葉：아르바이트 アルバイトゥ

- [ ] 夜間自主勉強
야자 ヤジャ
元の言葉：야간자율학습 ヤガンジャユラクスプ
大学受験に備え放課後も学校で勉強すること。

- [ ] 大学修学能力試験
수능 スヌン
元の言葉：대학수학능력시험 テハクスハンヌンニョクシホム

- [ ] ベストフレンド
베프 ペプ
元の言葉：베스트프렌드 ペストゥプレンドゥ

- [ ] ネットカフェ
피방 ピバン
元の言葉：피시방 ピシバン

- [ ] ゲームに集中すること
빡겜 ッパッケム
元の言葉：빡세게 게임을 하다 ッパクセゲ ケイムル ハダ

- [ ] 勉強に集中すること
빡공 ッパッコン
元の言葉：빡세게 공부를 하다 ッパクセゲ コンブルル ハダ

- [ ] イチオシ
강추 カンチュ
元の言葉：강력 추천 カンニョク チュチョン
知りたいことにこの言葉をつけて検索すると情報収集に便利。

- [ ] おすすめしない
비추 ピチュ
元の言葉：비추천 ピチュチョン

- [ ] 完全に私の好み
완내스 ワンネス
元の言葉：완전 내 스타일 ワンジョン ネ スタイル

最高レベル
□ 만렙
マルレプ

「満」만（マン）
＋
「レベル」레벨（レベル）

レジェンド
□ 레전드
レジョンドゥ

どうしようもない
□ 노답
ノダプ

「NO」노（ノ）
＋
「答え」답（タプ）

面白くない
□ 노잼
ノジェム

「NO」노（ノ）
＋
「面白い」재미있다（チェミイッタ）

聞いてないし興味ない
□ 안물안궁
アンムラングン

元の言葉
안 물어봤고 안 궁금하다
アン ムロブァッコ アン クングマダ

聞いてもいない話をベラベラと話されたときに言うイメージ。

超ムカつく
□ 킹 받네
キン　バンネ

「キング」킹（キン）
＋
「ムカつく」열받다（ヨルバッタ）

何でも聞いてください
□ 무물
ムムル

元の言葉
무엇이든 물어보세요
ムオシドゥン ムロボセヨ

インスタグラムの「質問」機能でよく使われる。

たくさんの関心をお願いします
□ 많관부
マンクァンブ

元の言葉
많은 관심 부탁드립니다
マヌン クァンシム プタクトゥリムニダ

memo

ネット用語は
取り扱い注意

ここまで紹介したネット用語の中には、使うシチュエーションを間違えると失礼にあたるものもあります。学習初心者は自分が使うためではなく、推しの言葉を理解するために覚えておくとよいでしょう。

CHAPTER 4

SNS・ネット

MBTI

ネットで簡単に結果がわかる16タイプ性格診断！

完璧主義者
완벽주의자
ワンピョクチュイジャ

独立的だ
독립적이다
トンニプチョギダ

戦略的だ
전략적이다
チョルリャクチョギダ

論理的だ
논리적이다
ノルリジョギダ

ワーカホリック
워커홀릭
ウォコホルリク

一匹狼
자발적 아싸
チャバルジョク　アッサ

直訳は「自発的アウトサイダー」。

INTJ 인티제
インティジェ

INTP 인팁
インティプ

熱心だ
열정적이다
ヨルチョンジョギダ

カリスマ性がある
카리스마가 있다
カリスマガ イッタ

リーダーシップがある
리더십이 있다
リドシビ イッタ

挑戦的だ
도전적이다
トジョンジョギダ

気まぐれだ
변덕이 심하다
ピョンドギ シマダ

おおらかだ
털털하다
トルトラダ

ENTP 엔팁
エンティプ

ENTJ 엔티제
エンティジェ

冷静だ
냉정하다
ネンジョンハダ

計画的だ
계획적이다
キェフェクチョギダ

保守的だ
보수적이다
ポスジョギダ

献身的だ
헌신적이다
ホンシンジョギダ

誠実だ
성실하다
ソンシラダ

几帳面だ
꼼꼼하다
ッコムッコマダ

ISFJ 잇프제
イップジェ

勤勉だ
부지런하다
プジロナダ

神経質だ
깐깐하다
ッカンッカナダ

厳格だ
엄격하다
オムキョカダ

気配り上手だ
세심하다
セシマダ

社交的だ
사교적이다
サギョジョギダ

親切だ
친절하다
チンジョラダ

ESTJ 엣티제
エッティジェ

ESFJ 엣프제
エップジェ

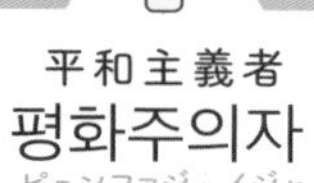
平和主義者
평화주의자
ピョンファジュイジャ
内向的だ
내성적이다
ネソンジョギダ
静かだ
조용하다
チョヨンハダ
理想主義者
이상주의자
イサンジュイジャ
繊細だ
섬세하다
ソムセハダ
想像力が豊かだ
상상력이 풍부하다
サンサンニョギ　プンブハダ
INFJ 인프제
インプジェ
INFP 인프피
インプピ

思いやりがある
배려심이 많다
ペリョシミ マンタ

情に厚い
정이 많다
チョンイ マンタ

正義感があふれる
정의감이 넘치다
チョンイガミ ノムチダ

外向的だ
외향적이다
ウェヒャンジョギダ

好奇心旺盛だ
호기심이 많다
ホギシミ マンタ

ノリがいい
흥이 많다
フンイ マンタ

ENFJ 엔프제
エンプジェ

ENFP 엔프피
エンプピ

個人主義者
개인주의자
ケインジュイジャ
クールだ
쿨하다
クラダ
無口だ
과묵하다
クァムカダ
善良だ
착하다
チャカダ
美的センスがある
미적 센스가 있다
ミチョク センスガ イッタ
人見知りだ
낯을 가리다
ナチュル カリダ
ISTP 잇팁
イッティプ
ISFP 잇프피
イップピ

現実的だ
현실적이다
ヒョンシルチョギダ

怖いもの知らずだ
겁이 없다
コビ オプタ

あっさりしている
뒤끝이 없다
トゥィックチ オプタ

楽観的だ
낙관적이다
ナックァンジョギダ

活発だ
활발하다
ファルバラダ

ハイテンションだ
하이텐션이다
ハイテンショニダ

ESTP 엣팁
エッティプ

ESFP 엣프피
エップピ

column SNSのやりとりで使えるフレーズ

SNS上で、韓国のファンやインフルエンサーの投稿にコメントするときに便利なフレーズを集めました。

ひそかに応援していた日本人です。
조용히 응원하던 일본인입니다.
チョヨンヒ ウンウォナドン イルボ ニニムニダ

これからも投稿楽しみにしています。
앞으로도 올라올 사진들 기대됩니다.
アプロド オルラオル サジンドゥル キデドゥェムニダ

ネットで「～さん」というときは씨（ッシ）ではなく님（ニム）を使う。

○○さんの写真はいつも最高です！
○○님 사진 항상 최고입니다!
ニム サジン ハンサン チュェゴイムニダ

写真を見せてもらったことに対するお礼を伝えるイメージ。

楽しく見ました。
잘 보고 갑니다.
チャル ポゴ カムニダ

○○の情報教えてください。
○○정보를 좀 알려 주세요.
チョンボルル チョム アルリョ ジュセヨ

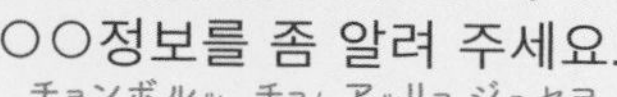

そう言っていただいてうれしいです。
그렇게 말씀해 주셔서 기쁩니다.
クロケ マルッスメ ジュショソ キップムニダ

いつも見てくださってありがとうございます。
항상 봐 주셔서 너무 감사합니다.
ハンサンプァ ジュショソ ノム カムサハムニダ

CHAPTER 5

観光

交通

飛行機からタクシーまで交通に関する基本的な単語を覚えよう！

空港 □ 공항 コンハン	飛行機 □ 비행기 ピヘンギ 略語 뱅기 ペンギ
入国 □ 입국 イプクㇰ	出国 □ 출국 チュルグㇰ
往復 □ 왕복 ワンボㇰ	片道 □ 편도 ピョンド
パスポート □ 여권 ヨックォン	シートベルト □ 안전벨트 アンジョンベルトゥ
乗り換え □ 환승 ファンスン	緊急 □ 긴급 キングㇷ゚
韓国人 □ 한국인 ハングギン	日本人 □ 일본인 イルボニン
韓国語 □ 한국어 ハングゴ	日本語 □ 일본어 イルボノ
遅延 □ 지연 チヨン	手数料 □ 수수료 ススリョ

予約者 □ 예매자 イェメジャ	予約番号 □ 예약 번호 イェヤク　ポノ
完了 □ 완료 ワルリョ	入金 □ 입금 イプクム
購入 □ 구입 クイプ	国籍 □ 국적 ククチョク
名前 □ 이름 イルム 「お名前」と丁寧に言う場合は성함(ソンハム)となる。	有効期間 □ 유효 기한 ユヒョ　キハン
チャージ □ 충전 チュンジョン	地下鉄 □ 지하철 チハチョル
T-money カード □ 티머니카드 ティモニカドゥ 韓国の交通系ICカードの名称。電子マネー機能もある。	
バス □ 버스 ポス	停留所 □ 정류장 チョンニュジャン
タクシー □ 택시 テクシ	乗降場 □ 승강장 スンガンジャン
販売機 □ 발매기 パルメギ	案内 □ 안내 アンネ
地図 □ 지도 チド	目的地 □ 목적지 モクチョクチ

現在地 □ 현재위치 ヒョンジェウィチ	駅 □ 역 ヨク
路線 □ 노선 ノソン	自由席 □ 자유석 チャユソク
指定席 □ 지정석 チジョンソク	車 □ 차 チャ
乗り場 □ 타는 곳 タヌン　ゴッ	運転手さん □ 기사님 キサニム
空車 □ 빈차 ピンチャ	回送 □ 회차 フェチャ
料金 □ 요금 ヨグム	お釣り □ 잔돈 / 거스름돈 チャンドン　コスルムトン
トランク □ 트렁크 トゥロンク	距離 □ 거리 コリ
道 □ 길 キル	交差点 □ 사거리 サゴリ

○○に行ってください。
□ ○○에 가 주세요.
エ　カ　ジュセヨ

ここへ行ってください。
□ 여기로 가 주세요.
ヨギロ　カ　ジュセヨ

地図アプリやメモなどを見せながら言うイメージ。

この荷物を載せてください。
☐ 이 짐을 실어 주세요.
イ　チムル　シロ　ジュセヨ

トランクに荷物を入れたいときに言うイメージ。

急いでもらえますか?
☐ 서둘러 주시겠어요?
ソドゥルロ　ジュシゲッソヨ

窓を開けてもいいですか?
☐ 창문 열어도 돼요?
チャンムン　ヨロド　ドゥェヨ

冷房/暖房つけてください。
☐ 냉방 / 난방 틀어 주세요.
ネンバン　ナンバン　トゥロ　ジュセヨ

ここで停めてください。
☐ 여기서 세워 주세요.
ヨギソ　セウォ　ジュセヨ

いくらですか?
☐ 얼마예요?
オルマエヨ

これで決済してください。
☐ 이걸로 결제해 주세요.
イゴルロ　キョルチェヘ　ジュセヨ

レシートください。
☐ 영수증 주세요.
ヨンスジュン　ジュセヨ

MEMO

最近はタクシーアプリが便利!

タクシーアプリをインストールすると、迎車や目的地設定がスムーズ。大体の料金も表示されるのでぼったくられる心配もありません。ちなみに韓国ではドアの開閉は自分でやることもお忘れなく。

レジ

「袋は?」「ポイントは?」と聞かれても慌てないために予習しよう!

レジ □ 카운터 / 계산대 カウント　キェサンデ	お店 □ 가게 カゲ
お客さん □ 손님 ソンニム 店員が呼びかけるときは「お客様」고객님(コゲンニム)。	計算／会計／支払い □ 계산 キェサン
決済／支払い □ 결제 キョルチェ	買い物袋 □ 쇼핑백 ショピンベク
袋 □ 봉투 ポントゥ	クーポン □ 쿠폰 クポン
ポイントカード □ 적립카드 チョンニプカドゥ	割引 □ 할인 ハリン
クレジットカード □ 신용카드 シニョンカドゥ	現金 □ 현금 ヒョングム
署名 □ 서명 ソミョン	レシート □ 영수증 ヨンスジュン
商品 □ 상품 サンプム	製品 □ 제품 チェプム

1+1（ワンプラスワン）
□ 원 플러스 원
ウォン　プルロス　ウォン

1個商品を買うと、もう1個おまけでついてくること。

免税
□ 면세
ミョンセ

品切れ
□ 품절
プムジョル

いらっしゃいませ。
□ 어서 오세요.
オソ　オセヨ

返事は「こんにちは」안녕하세요（アンニョンハセヨ）でOK。

何かお探しですか？
□ 뭘 찾으세요?
ムォル　チャジュセヨ

こちらで会計いたします。
□ 계산 도와드릴게요.
キェサン　トワドゥリルケヨ

直訳は「計算お手伝いいたします」。

ポイント貯めますか？
□ 포인트 적립 하시나요?
ポイントゥ　チョンニプ　ハシナヨ

적립（チョンニプ）の直訳は「積立」。

袋いりますか？
□ 봉투 필요하세요?
ポントゥ　ピリョハセヨ

レシート必要ですか？
□ 영수증 드릴까요?
ヨンスジュン　トゥリルッカヨ

分割／一括にしますか？
□ 할부 / 일시불로 해 드릴까요?
ハルブ　イルシブルロ　ヘ　ドゥリルッカヨ

このカードは使えません。
□ 이 카드는 사용이 안됩니다.
イ　カドゥヌン　サヨンイ　アンドゥェムニダ

CHAPTER 5
観光

CHAPTER 5

観光

カフェめぐり

推しの誕生日はカップホルダーを集めに、韓国のカフェをめぐろう！

□ カフェ
카페
カペ

□ カップホルダー
컵 홀더
コプ　ホルド

□ 飲み物
음료
ウムニョ

□ デザート
디저트
ティジョトゥ

カフェめぐり ☐ 카페 탐방 カペ　タムバン	コーヒー ☐ 커피 コピ
アメリカーノ ☐ 아메리카노 アメリカノ	カフェラテ ☐ 카페라떼 カペラッテ
フラペチーノ ☐ 프라푸치노 プラプチノ	紅茶 ☐ 홍차 ホンチャ
ミルクティー ☐ 밀크티 ミルクティ	スムージー ☐ 스무디 スムディ
エイド ☐ 에이드 エイドゥ レモネードなど果汁をもとに作られた飲み物のこと。韓国ではよく飲まれている。	ミルク ☐ 밀크 ミルク
砂糖 ☐ 설탕 ソルタン	氷 ☐ 얼음 オルム
シロップ ☐ 시럽 シロプ	生クリーム ☐ 생크림 センクリム
ケーキ ☐ 케이크 ケイク	マカロン ☐ 마카롱 マカロン

MEMO

「アア」と呼ばれる飲み物とは？

コーヒー消費量が多い韓国。「アイスアメリカーノ」（아이스 아메리카노／アイス アメリカノ）は아아（アア）と略されることもあります。韓国の人は冬でもアイスコーヒーを飲むんだそう。

- □ コーヒー○杯ください。
  커피 ○ 잔 주세요.
  コピ　ジャン　ジュセヨ

  1杯＝한 잔（ハンジャン）、2杯＝두 잔（トゥ ジャン）

- □ ケーキ○個ください。
  케이크 ○ 개 주세요.
  ケイク　ゲ　ジュセヨ

  1個＝한 개（ハンゲ）、2個＝두 개（トゥ ゲ）

- □ 食べて／飲んでいきます。
  먹고 / 마시고 갈게요.
  モッコ　マシゴ　カルケヨ

  テイクアウトではなく店内利用をするときに言うイメージ。

- □ 持ち帰ります。
  가지고 갈게요.
  カジゴ　カルケヨ

- □ 冷たい／温かいものでください。
  차가운 / 따뜻한 걸로 주세요.
  チャガウン　ッタットゥタン　ゴルロ　ジュセヨ

- □ 大きい／小さいサイズでください。
  큰 / 작은 걸로 주세요.
  クン　チャグン　ゴルロ　ジュセヨ

- □ これ温めていただけますか？
  이거 좀 데워 주시겠어요?
  イゴ　チョム　テウォ　ジュシゲッソヨ

- □ （テイクアウト用の）ホルダーに入れてください。
  캐리어에 담아 주세요.
  ケリオエ　タマ　ジュセヨ

- □ 注文番号をご確認ください。
  주문 번호 확인해 주세요.
  チュムン　ボノ　ファギネ　ジュセヨ

- □ （ベルが）振動したら取りに来てください。
  진동이 울리면 찾으러 와 주세요.
  チンドンイ　ウルリミョン　チャジュロ　ワ　ジュセヨ

レストラン

料理名のほかに、入店から会計までの必須フレーズも要チェック！

韓国料理 □ 한국 요리 ハングン　ニョリ 「韓食」한식（ハンシク）ともいう。	韓国料理店 □ 한식집 ハンシクチプ 「韓国食堂」한식당（ハンシクタン）ともいう。
サムギョプサル □ 삼겹살 サムギョプサル	サムゲタン □ 삼계탕 サムギェタン
スンドゥブチゲ □ 순두부찌개 スンドゥブッチゲ	ヤンニョムチキン □ 양념치킨 ヤンニョムチキン
プルコギ □ 불고기 プルゴギ	ユッケ □ 육회 ユクェ
ビビンバ □ 비빔밥 ピビムパプ	キンパ □ 김밥 キムパプ
クッパ □ 국밥 ククパプ	冷麺 □ 냉면 ネンミョン
チヂミ □ 전 チョン	カンジャンケジャン □ 간장게장 カンジャンゲジャン
トッポギ □ 떡볶이 ットクポッキ	韓国式ソーセージ □ 순대 スンデ

キムチ □ 김치 キムチ	大根キムチ □ 깍두기 ッカクトゥギ
たくあん □ 단무지 タンムジ	ニンニク □ 마늘 マヌル
ライス／白ご飯 □ 공기밥 コンギバプ	おかず □ 반찬 パンチャン
汁／スープ □ 국물 クンムル	箸 □ 젓가락 チョッカラク
フォーク □ 포크 ポク	スプーン □ 숟가락 スッカラク
ナイフ □ 나이프 ナイプ	ハサミ □ 가위 カウィ
トング □ 집게 チプケ	お皿 □ 접시 チョプシ
取り皿 □ 앞접시 アプチョプシ	鉄板 □ 불판 プルパン
お酒 □ 술 スル	焼酎 □ 소주 ソジュ
マッコリ □ 막걸리 マッコルリ	ビール □ 맥주 メクチュ

正式名称は공깃밥（コンギッパプ）だが、こちらが一般的。

おつまみ
☐ 안주
アンジュ

乾杯
☐ 건배
コンベ

何名様ですか？
☐ 몇 분이세요？
ミョッ　プニセヨ

○人です。
☐ ○ 명이에요.
ミョンイエヨ

1人＝한 명（ハンミョン）、2人＝두 명（トゥ ミョン）

満席です。
☐ 만석입니다.
マンソギムニダ

どれくらい待ちますか？
☐ 얼마나 기다려야 돼요?
オルマナ　キダリョヤ　ドゥェヨ

すみません！（呼びかけ）
☐ 여기요! / 저기요!
ヨギヨ　チョギヨ

日本語メニューはありませんか？
☐ 일본어 메뉴판 있나요?
イルボノ　メニュパン　インナヨ

注文どうぞ。
☐ 주문 도와드리겠습니다.
チュムン　トワドゥリゲッスムニダ

直訳は「注文お手伝いします」。

注文お願いします。
☐ 주문할게요.
チュムナルケヨ

これからいですか？
☐ 이거 매워요?
イゴ　メウォヨ

からさ控えめにしてもらえますか？
□ 덜 맵게 해 주실 수 있을까요?
トル メプケ ヘ ジュシル ス イッスルッカヨ

おかわりできますか？
□ 리필 되나요?
リピル トゥェナヨ

取り皿ください。
□ 앞접시 주세요.
アプチョプシ ジュセヨ

お水ください。
□ 물 주세요.
ムル ジュセヨ

これお持ち帰りにしてください。
□ 이거 포장해 주세요.
イゴ ポジャンヘ ジュセヨ

料理が食べきれなかったときは、持ち帰りできる店も多い。

お会計お願いします。
□ 계산해 주세요.
キェサネ ジュセヨ

お会計は別々にお願いします。
□ 계산은 따로 해 주세요.
キェサヌン ッタロ ヘ ジュセヨ

MEMO

小皿のおかずは
おかわり自由！

キムチやナムルなどのおかずは基本的に無料で、おかわりも自由にできます。ただ、最近は一部のおかずが有料だったり、おかわりがセルフサービスだったりする場合もあるので、迷ったら店員さんに聞いてみてください。「セルフサービス」は셀프（セルプ）、「おかわり自由」は무한 리필（ムハン リピル）といいます。

コンビニ

韓国のコンビニは最新グルメがたくさん！　お土産を買っても◎

コンビニ □ 편의점 ピョニジョム	お弁当 □ 도시락 トシラク
カップラーメン □ 컵라면 コムナミョン	おにぎり □ 삼각김밥 サムガッキムパプ 直訳は「三角キンパ」。
パン □ 빵 ッパン	サンドイッチ □ 샌드위치 センドゥウィチ
おやつ □ 간식 カンシク	鶏のから揚げ □ 닭튀김 タクティギム
ソーセージ □ 소세지 ソセジ	チーズ □ 치즈 チジュ
ソース □ 소스 ソス	ヨーグルト □ 요거트 ヨゴトゥ
牛乳 □ 우유 ウユ	ガム □ 껌 ッコム
熱湯 □ 뜨거운 물 ットゥゴウン　ムル	電子レンジ □ 전자레인지 チョンジャレインジ 会話では전자렌지（チョンジャレンジ）のほうがよく使われる。

セレクトショップ

常に注目が集まる韓国ファッション。なかには有名人が通うお店も？

服 □ 옷 オッ	コーディネート □ 코디네이트 コディネイトゥ 略語 코디 コディ
シャツ □ 셔츠 ショチュ	ズボン □ 바지 パジ
ジーンズ □ 청바지 チョンバジ	ワンピース □ 원피스 ウォンピス
スカート □ 치마 チマ	パーカー □ 후드티 フドゥティ hoodieを韓国語読みした후디（フディ）もよく使われる。
ジャージ □ 추리닝 チュリニン	トレーナー／スウェット □ 맨투맨 メントゥメン
セーター □ 스웨터 スウェト	ニット □ 니트 ニトゥ
タートルネック □ 목폴라 モクポルラ	ジャケット □ 재킷 チェキッ
ダウン □ 패딩 ペディン	コート □ 코트 コトゥ

練習服 □ 연습복 ヨンスッポク	学生服 □ 교복 キョボク
アクセサリー □ 액세서리 エクセソリ	ネックレス □ 목걸이 モッコリ
ピアス □ 피어싱 ピオシン	イヤリング □ 이어링 / 귀걸이 イオリン　クィゴリ
指輪 □ 반지 パンジ	眼鏡 □ 안경 アンギョン
サングラス □ 선글라스 ソングルラス	カバン □ 가방 カバン
マフラー □ 목도리 モクトリ	帽子 □ 모자 モジャ
ニット帽 □ 비니 ピニ 英語のbeanieが由来。	キャップ帽 □ 캡 모자 ケム　モジャ
ベルト □ 벨트 ペルトゥ	靴 □ 신발 シンバル

試着してもいいですか?
□ 입어 봐도 돼요?
イボ　ブァド　ドゥェヨ

これの色違いはありませんか?
□ 이거 다른 색 있나요?
イゴ　タルン　セク　インナヨ

メイク体験

韓国アイドル御用達のメイクサロンで、憧れのアイドルメイク!

□ マスカラ
마스카라
マスカラ

□ アイシャドウ
아이섀도우
アイシェドウ

□ アイブロウ
아이브로우
アイブロウ

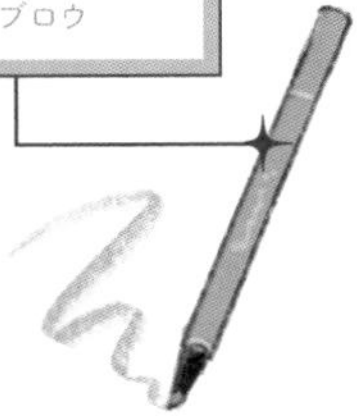

□ 口紅
립스틱
リプスティク

□ 化粧下地
베이스
ペイス

□ ファンデーション
파운데이션
パウンデイション

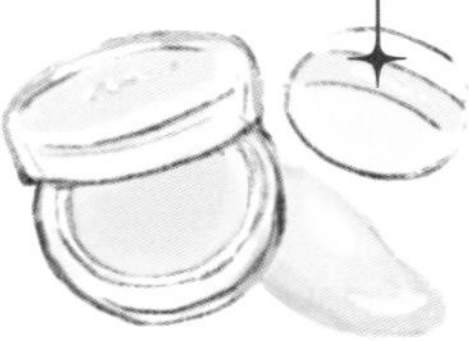

□ チーク
블러셔
プルロショ

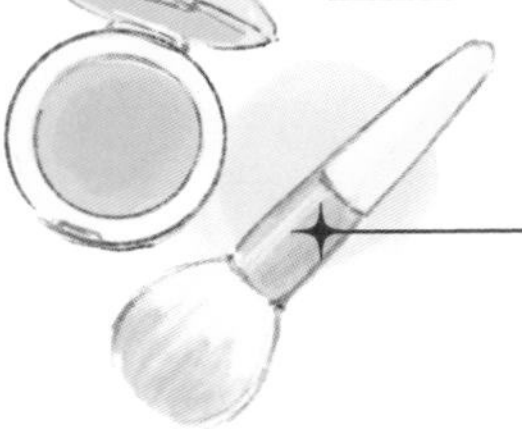

□ アイライナー
아이라이너
アイライノ

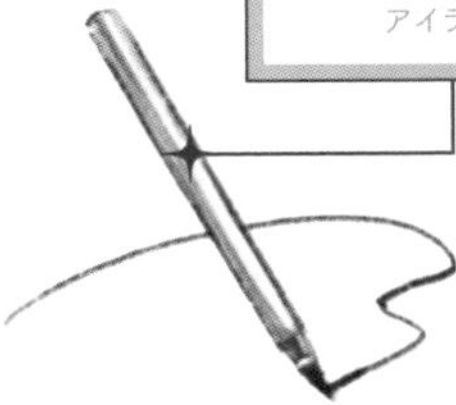

美容 □ 미용 ミヨン	スキンケア □ 스킨케어 スキンケオ
肌／皮膚 □ 피부 ピブ	スッピン □ 생얼 センオル 「生」생 セン + 「顔」얼굴 オルグル
洗顔 □ 세안 セアン	洗顔フォーム □ 클렌징 폼 クルレンジン ポム
化粧水 □ 토너 トノ	乳液 □ 로션 / 에멀전 ロション エモルジョン
美容液 □ 에센스 / 세럼 エセンス セロム	パック □ 팩 ペク
オイル □ 오일 オイル	クリーム □ 크림 クリム
保湿 □ 보습 ポスプ	透明感 □ 투명감 トゥミョンガム
ビタミンC □ 비타민C ピタミンシ	ナイアシンアミド □ 나이아신아마이드 ナイアシナマイドゥ
レチノール □ 레티놀 レティノル	効果 □ 효과 ヒョグァ
鎮静 □ 진정 チンジョン	成分 □ 성분 ソンブン

パーソナルカラー ☐ 퍼스널 컬러 ポスノル　コルロ	ウォームトーン ☐ 웜톤 ウォムトン
クールトーン ☐ 쿨톤 クルトン	ニキビ ☐ 여드름 ヨドゥルム
トラブル ☐ 트러블 トゥロブル	刺激 ☐ 자극 チャグク
皮脂 ☐ 피지 ピジ	毛穴 ☐ 모공 モゴン
テスター ☐ 견본 キョンボン	サンプル ☐ 샘플 セムプル
コンタクトレンズ ☐ 렌즈 レンジュ	カラーコンタクトレンズ ☐ 컬러 렌즈 コルロ　レンジュ
日焼け止め ☐ 선크림 ソンクリム	コンシーラー ☐ 컨실러 コンシルロ
フェイスパウダー ☐ 파우더 パウド	シェーディング ☐ 쉐딩 スェディン
ハイライト ☐ 하이라이트 ハイライトゥ	ビューラー ☐ 뷰러 ピュロ
涙袋 ☐ 애교살 エギョサル	まぶた ☐ 눈꺼풀 ヌンッコプル

「イエローベース／ブルーベース」は「ウォーム／クール」で表現される。

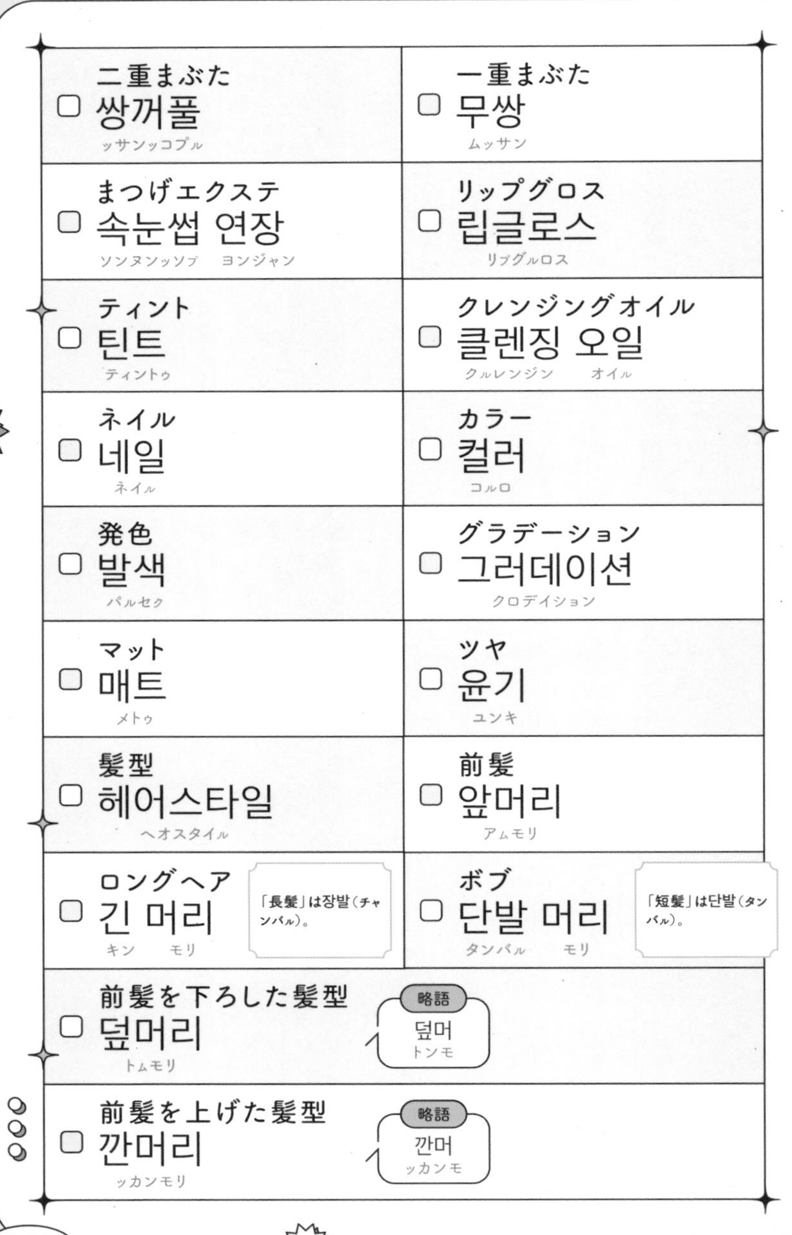

二重まぶた ☐ 쌍꺼풀 ッサンッコプル	一重まぶた ☐ 무쌍 ムッサン
まつげエクステ ☐ 속눈썹 연장 ソンヌンッソプ　ヨンジャン	リップグロス ☐ 립글로스 リプグルロス
ティント ☐ 틴트 ティントゥ	クレンジングオイル ☐ 클렌징 오일 クルレンジン　オイル
ネイル ☐ 네일 ネイル	カラー ☐ 컬러 コルロ
発色 ☐ 발색 パルセク	グラデーション ☐ 그러데이션 クロデイション
マット ☐ 매트 メトゥ	ツヤ ☐ 윤기 ユンキ
髪型 ☐ 헤어스타일 ヘオスタイル	前髪 ☐ 앞머리 アムモリ
ロングヘア ☐ 긴 머리 キン　モリ 「長髪」は장발（チャンバル）。	ボブ ☐ 단발 머리 タンバル　モリ 「短髪」は단발（タンバル）。
前髪を下ろした髪型 ☐ 덮머리 トムモリ 略語 덮머 トンモ	
前髪を上げた髪型 ☐ 깐머리 ッカンモリ 略語 깐머 ッカンモ	

ストレートヘア □ 생머리 センモリ	パーマ □ 파마 / 펌 パマ　ポム
三つ編み □ 땋은 머리 ッタウン　モリ	ポニーテール □ 포니테일 ポニテイル
ツインテール □ 양갈래 ヤンガルレ	ウルフカット □ 허쉬컷 ホシュィコッ
ストレートアイロン □ 매직기 メジッキ	コテ □ 고데기 コデギ
カーラー □ 헤어롤 ヘオロル	ヘアカラー □ 염색 ヨムセク
ブリーチ □ 탈색 タルセク	エクステンション □ 붙임 머리 プチム　モリ

この色の在庫はありませんか?
□ 이 색의 재고가 있나요?
イ　セゲ　チェゴガ　インナヨ

テスターはありますか?
□ 견본은 있어요?
キョンボヌン　イッソヨ

敏感肌ですが使っても大丈夫でしょうか?
□ 민감성 피부인데 사용해도 괜찮을까요?
ミンガムソン　ピブインデ　サヨンヘド　クェンチャヌルッカヨ

写真を撮ってもいいですか?
□ 사진을 찍어도 돼요?
サジヌル　ッチゴド　ドゥェヨ

column

トラブル時に使えるフレーズ

旅行先でトラブルが起こったときに使えるフレーズ。発音に自信がない場合は、指さしで伝えてもいいでしょう。

私は韓国語ができません。	저는 한국어를 못해요. チョヌン ハングゴルㇽ モテヨ
日本語ができる人はいますか?	일본어 가능한 사람이 있어요? イㇽボノ カヌンハン サラミ イッソヨ
道を聞いてもいいですか?	길 좀 물어봐도 될까요? キㇽ チョㇺ ムロブァド ドェㇽッカヨ
Wi-Fiが繋がりません。	와이파이가 안 터져요. ワイパイガ アン トジョヨ
テレビが映りません。	티비가 안 나와요. ティビガ アン ナワヨ
お湯が出ません。	따뜻한 물이 안 나와요. ッタットゥタン ムリ アン ナワヨ
ドアが開きません。	문이 안 열려요. ムニ アン ヨㇽリョヨ
トイレが詰まりました。	변기가 막혔어요. ピョンギガ マキョッソヨ
部屋に鍵を置いてきてしまいました。	방에 키를 두고 왔어요. パンエ キルㇽ トゥゴ ワッソヨ
鍵を失くしてしまいました。	키를 잃어버렸어요. キルㇽ イロボリョッソヨ

CHAPTER 6

日常

とき

旅行先のお店の営業時間を調べるときにも使える!

時間 □ 시간 シガン	昨日 □ 어제 オジェ
今日 □ 오늘 オヌル	明日 □ 내일 ネイル
先週 □ 지난주 チナンジュ	今週 □ 이번 주 イボン　チュ
来週 □ 다음 주 タウム　チュ	先月 □ 지난달 チナンダル
今月 □ 이번 달 イボン　タル	来月 □ 다음 달 タウム　タル
昨年 □ 작년 チャンニョン	今年 □ 올해 オレ
来年 □ 내년 ネニョン	月曜日 □ 월요일 ウォリョイル
火曜日 □ 화요일 ファヨイル	水曜日 □ 수요일 スヨイル

木曜日 □ 목요일 モギョイル	金曜日 □ 금요일 クミョイル
土曜日 □ 토요일 トヨイル	日曜日 □ 일요일 イリョイル
週末 □ 주말 チュマル	休日 □ 휴일 ヒュイル
平日 □ 평일 ピョンイル	午前 □ 오전 オジョン
午後 □ 오후 オフ	朝 □ 아침 アチム
昼 □ 낮 ナッ	夕方 □ 저녁 チョニョク
夜 □ 밤 パム	一日 □ 하루 ハル 「一日中」は하루 종일（ハル チョンイル）。
毎日 □ 매일 メイル	最近 □ 최근 / 요즘 チュェグン ヨジュム

MEMO

2つの「最近」の違い

本文中では「最近」を表す2つの言葉を紹介しました。ニュアンスの違いとしては최근は直近のある時点でのこと、요즘はもう少し前の時点から現在まで継続していることを示しています。

天気

勉強がてらスケジュール帳に書き込んでみるのも◎

季節 □ 계절 キェジョル	春 □ 봄 ポム
夏 □ 여름 ヨルム	秋 □ 가을 カウル
冬 □ 겨울 キョウル	天気 □ 날씨 ナルッシ
晴れ □ 맑음 マルグム	曇り □ 흐림 フリム
雨 □ 비 ピ	風 □ 바람 パラム
雪 □ 눈 ヌン	雷 □ 천둥 チョンドゥン
虹 □ 무지개 ムジゲ	台風 □ 태풍 テプン
太陽 □ 태양 テヤン	月 □ 달 タル

色・形

推しのメンバーカラーを探してみよう！

色 ☐ 색 セク	赤色 ☐ 빨간색 ッパルガンセク
桃色 ☐ 분홍색 プノンセク	紫色 ☐ 보라색 ポラセク
青色 ☐ 파란색 パランセク	水色 ☐ 하늘색 ハヌルセク
緑色 ☐ 녹색 ノクセク	黄色 ☐ 노란색 ノランセク
茶色 ☐ 갈색 カルセク	白色 ☐ 하얀색 ハヤンセク
黒色 ☐ 검은색 コムンセク	金色 ☐ 금색 クムセク
ピンク ☐ 핑크 ピンク	オレンジ ☐ 오렌지 オレンジ
三角形 ☐ 삼각형 サムガキョン	四角形 ☐ 사각형 サガキョン

感覚

歌詞やテロップにもよく登場する擬音語は要チェック!

感覚 □ 감각 カムガク	音 □ 소리 ソリ
匂い □ 냄새 ネムセ	さくさく □ 바삭바삭 パサクパサク
べたべた □ 끈적끈적 ックンジョクックンジョク	ふらふら □ 휘청휘청 フィチョンフィチョン
ふかふか □ 폭신폭신 ポクシンポクシン	ふわふわ □ 말랑말랑 マルランマルラン
ぶるぶる □ 부들부들 プドゥルブドゥル	くるくる □ 빙글빙글 ピングルビングル
はらはら □ 조마조마 チョマジョマ	ささっと □ 후다닥 フダダク
どきどき □ 두근두근 トゥグンドゥグン	すべすべ □ 매끈매끈 メックンメックン
くねくね □ 꿈틀꿈틀 ックムトゥルックムトゥル	きらきら □ 반짝반짝 パンッチャクパンッチャク

度合い

度合いを表す言葉を覚えると、自分の感情を表現しやすくなる！

本当に □ 정말로 チョンマルロ	マジで □ 진짜 チンッチャ
とても □ 아주 アジュ	非常に □ 매우 メウ
あまりに／すごく □ 너무 ノム	かなり □ 되게 トゥェゲ
ものすごく □ 굉장히 クェンジャンヒ	最も □ 가장 カジャン
一番 □ 제일 チェイル	多く □ 많이 マニ
少し □ 조금 チョグム	それくらい □ 그만큼 クマンクム
ある程度 □ 어느 정도 オヌ　ジョンド	まったく □ 전혀 チョニョ
若干 □ 약간 ヤッカン	少なくとも □ 적어도 チョゴド

順番

推しのコンサートに行ったのはこれで何回目?

順番 □ 순서 スンソ	初めて □ 처음 チョウム
次 □ 다음 タウム	最後 □ 마지막 マジマク
先に □ 먼저 モンジョ	あとで □ 나중에 ナジュンエ
今 □ 지금 チグム	さっき □ 아까 アッカ
今すぐ □ 지금 바로 チグム パロ	前回 □ 지난번 チナンボン
今回 □ 이번 イボン	次回 □ 다음번 タウムポン
毎回 □ 매번 メボン	1回目 □ 첫 번째 チョッ ポンッチェ
2回目 □ 두 번째 トゥ ボンッチェ	3回目 □ 세 번째 セ ボンッチェ

方向・位置

旅行先でタクシーに乗ったときに使えるかも!

東側 □ 동쪽 トンッチョク	西側 □ 서쪽 ソッチョク
南側 □ 남쪽 ナムッチョク	北側 □ 북쪽 プクッチョク
上 □ 위 ウィ	下 □ 아래 アレ
右 □ 오른쪽 オルンッチョク	左 □ 왼쪽 ウェンッチョク
前 □ 앞 アプ	後ろ □ 뒤 トゥィ
真っすぐ □ 곧장 コッチャン	隣 □ 옆 ヨプ
そば □ 곁 キョッ	近所 □ 근처 クンチョ
周辺 □ 주변 チュビョン	間 □ 사이 サイ

人の呼び方

場面によって使い分けることもあるから要チェック！

私／僕 □ 나 ナ	私たち □ 우리 ウリ
私／わたくし □ 저 チョ 나よりかしこまった表現。主に目上の人や初対面の人に対して使う。	君 □ 너 ノ
君たち □ 너네들 ノネドゥル	あなた □ 당신 タンシン
あなたたち □ 당신들 タンシンドゥル	彼 □ 그 ク
彼女 □ 그녀 クニョ	みなさん □ 여러분 ヨロブン
○○さん □ 씨 ッシ フルネームか、下の名前のあとにつける。目上の人には使わない。	○○様 □ 님 ニム
（恋人間）あなた □ 자기야 チャギヤ	（夫婦間）あなた □ 여보 ヨボ
おじさん □ 아저씨 アジョッシ	おばさん □ 아줌마 アジュムマ 아저씨も아줌마も、親戚や知り合いではなく他人に対して使う。

こそあど言葉

変化の法則性を覚えると、頭に入りやすい！

☐ この 이 イ	☐ その 그 ク
☐ あの 저 チョ	☐ どの 어느 オヌ
☐ これ 이것 イゴッ	☐ それ 그것 クゴッ
☐ あれ 저것 チョゴッ	☐ どれ 어느 것 オヌ ゴッ
☐ ここ 여기 ヨギ	☐ そこ 거기 コギ
☐ あそこ 저기 チョギ	☐ どこ 어디 オディ
☐ このように 이렇게 イロケ	☐ そのように 그렇게 クロケ
☐ あのように 저렇게 チョロケ	☐ どのように 어떻게 オットケ

漢数字・単位

電話番号や値段、長さや重さを言うときに使ってみよう！

□ 零 영 / 공 ヨン コン 通常は영で、공は電話番号をいうときなどに使われる。	□ 一 일 イル
□ 二 이 イ	□ 三 삼 サム
□ 四 사 サ	□ 五 오 オ
□ 六 육 ユク	□ 七 칠 チル
□ 八 팔 パル	□ 九 구 ク
□ 十 십 シプ	□ 十一 십일 シビル
□ 十二 십이 シビ	□ 二十 이십 イシプ
□ 三十 삼십 サムシプ	□ 五十 오십 オシプ

百 □ 백 ペク	千 □ 천 チョン
万 □ 만 マン	十万 □ 십만 シムマン
百万 □ 백만 ペンマン	千万 □ 천만 チョンマン
億 □ 억 オク	～年 □ 년 ニョン
～月 □ 월 ウォル	～週 □ 주 チュ
～日 □ 일 イル	～分 □ 분 プン
～秒 □ 초 チョ	～ウォン □ 원 ウォン
～メートル □ 미터 ミト	～キロ □ 킬로 キルロ

memo

漢数字と固有数字の違い

韓国語には漢数字と固有数字があり、後ろにつく助数詞によって使い分けます。時間を表す「～時」には固有数字、「～分」「～秒」は漢数字を使うなど、ややこしいものもあるので注意しましょう。

固有数字・単位

個数や人数、年齢を言うときに使ってみよう！

1 □ 하나 (한) ハナ　ハン	2 □ 둘 (두) トゥル　トゥ
3 □ 셋 (세) セッ　セ	4 □ 넷 (네) ネッ　ネ
5 □ 다섯 タソッ	6 □ 여섯 ヨソッ
7 □ 일곱 イルゴプ	8 □ 여덟 ヨドル
9 □ 아홉 アホプ	10 □ 열 ヨル
11 □ 열하나 ヨラナ	12 □ 열둘 ヨルトゥル
13 □ 열셋 ヨルセッ	14 □ 열넷 ヨルレッ
20 □ 스물 (스무) スムル　スム	30 □ 서른 ソルン

40 □ 마흔 マフン	50 □ 쉰 シュィン
60 □ 예순 イェスン	70 □ 일흔 イルン
80 □ 여든 ヨドゥン	90 □ 아흔 アフン
99 □ 아흔아홉 アフナホプ	～時 □ 시 シ
～個 □ 개 ケ	～枚 □ 장 チャン
～歳 □ 살 サル	～名／～人 □ 명 ミョン
～匹 □ 마리 マリ	～冊 □ 권 クォン
～杯（飲み物） □ 잔 チャン	～回 □ 번 ポン

MEMO

固有数字の特徴

固有数字の「1～4」と「20」は助数詞がつく場合、それぞれカッコ内に記載した表現に変化します。また、固有数字は「99」までしかないので100以上の数を示すときは漢数字を使います。

よく使う副詞

歌詞でもよく耳にする、性質や状態の程度を表す表現！

よく □ 잘 チャル	さらに □ 더 ト
もう一度 □ 다시 タシ	しきりに □ 자꾸 チャック
ずっと □ 계속 キェソク	たまに □ 가끔 カックム
いつも □ 항상 ハンサン	必ず □ 꼭 / 반드시 ッコク パンドゥシ
絶対に □ 절대로 チョルテロ	突然 □ 갑자기 カプチャギ
すぐに □ 곧 コッ	もう □ 이제 イジェ
まだ □ 아직 アジク	すでに □ 벌써 ポルッソ
また □ 또 ット	いつか □ 언젠가 オンジェンガ

ゆっくり □ 천천히 チョンチョニ	速く □ 빨리 ッパルリ
早く □ 일찍 イルッチク	もともと □ 원래 ウォルレ
すべて／みんな □ 모두 モドゥ	すべて／ぜんぶ □ 다 タ
ともに □ 함께 ハムッケ	一緒に □ 같이 カチ
すっかり □ 완전히 ワンジョニ	やっと □ 겨우 キョウ
もしかして □ 혹시 ホクシ	多分 □ 아마 アマ
もし □ 만약 マニャク	あまり □ 별로 ピョルロ
わけもなく □ 괜히 クェニ	あえて □ 굳이 クジ
そのまま □ 그대로 クデロ	ただ □ 그냥 クニャン
実は □ 사실 サシル	永遠に □ 영원히 ヨンウォニ

よく使う動詞

原形とヘヨ体を一緒に覚えて、使ってみよう！

原形	ヘヨ
□ 原形 行く 가다 カダ	□ ヘヨ 行きます 가요 カヨ
□ 原形 来る 오다 オダ	□ ヘヨ 来ます 와요 ワヨ
□ 原形 歩く 걷다 コッタ	□ ヘヨ 歩きます 걸어요 コロヨ
□ 原形 走る 달리다 タルリダ	□ ヘヨ 走ります 달려요 タルリョヨ
□ 原形 食べる 먹다 モクタ	□ ヘヨ 食べます 먹어요 モゴヨ
□ 原形 飲む 마시다 マシダ	□ ヘヨ 飲みます 마셔요 マショヨ
□ 原形 あげる 주다 チュダ	□ ヘヨ あげます 줘요 チュォヨ
□ 原形 もらう 받다 パッタ	□ ヘヨ もらいます 받아요 パダヨ

原形	ヘヨ
□ 原形 見る 보다 ポダ	□ ヘヨ 見ます 봐요 プァヨ
□ 原形 言う 말하다 マラダ	□ ヘヨ 言います 말해요 マレヨ
□ 原形 聞く 듣다 トゥッタ	□ ヘヨ 聞きます 들어요 トゥロヨ
□ 原形 使う 쓰다 ッスダ	□ ヘヨ 使います 써요 ッソヨ
□ 原形 する 하다 ハダ	□ ヘヨ します 해요 ヘヨ
□ 原形 考える 생각하다 センガカダ	□ ヘヨ 考えます 생각해요 センガケヨ
□ 原形 感じる 느끼다 ヌッキダ	□ ヘヨ 感じます 느껴요 ヌッキョヨ
□ 原形 会う 만나다 マンナダ	□ ヘヨ 会います 만나요 マンナヨ

偶然会ったときなどは만나다、単純に会うときは보다（ポダ）を使う。

MEMO

原形そのままでは使わない！

動詞も形容詞も原形のままでは基本的に使用しません。会話では「～です・ます」の意味のヘヨ体（詳しくはP201）と呼ばれる形で使用することが多いので、セットで覚えてくださいね。

よく使う形容詞

推しのリアクションや独り言でよく耳にする言葉があるかも？

原形	ヘヨ
□ 原形 良い 좋다 チョタ	□ ヘヨ 良いです 좋아요 チョアヨ
□ 原形 嫌だ 싫다 シルタ	□ ヘヨ 嫌です 싫어요 シロヨ
□ 原形 退屈だ 심심하다 シムシマダ	□ ヘヨ 退屈です 심심해요 シムシメヨ
□ 原形 面白い 재미있다 チェミイッタ	□ ヘヨ 面白いです 재미있어요 チェミイッソヨ
□ 原形 冷たい 차갑다 チャガプタ	□ ヘヨ 冷たいです 차가워요 チャガウォヨ
□ 原形 熱い 뜨겁다 ットゥゴプタ	□ ヘヨ 熱いです 뜨거워요 ットゥゴウォヨ
□ 原形 寒い 춥다 チュプタ	□ ヘヨ 寒いです 추워요 チュウォヨ
□ 原形 暑い 덥다 トプタ	□ ヘヨ 暑いです 더워요 トウォヨ

文脈によっては「好きです」という意味になる。

□ 原形 速い 빠르다 ッパルダ	□ ヘヨ 速いです 빨라요 ッパルラヨ
□ 原形 遅い 늦다 ヌッタ	□ ヘヨ 遅いです 늦어요 ヌジョヨ
□ 原形 きれいだ 예쁘다 イェップダ	□ ヘヨ きれいです 예뻐요 イェッポヨ
□ 原形 かわいい 귀엽다 クィヨプタ	□ ヘヨ かわいいです 귀여워요 クィヨウォヨ
□ 原形 易しい 쉽다 シュィプタ	□ ヘヨ 易しいです 쉬워요 シュィウォヨ
□ 原形 難しい 어렵다 オリョプタ	□ ヘヨ 難しいです 어려워요 オリョウォヨ
□ 原形 強い 강하다 カンハダ	□ ヘヨ 強いです 강해요 カンヘヨ
□ 原形 弱い 약하다 ヤカダ	□ ヘヨ 弱いです 약해요 ヤケヨ
□ 原形 大きい 크다 クダ	□ ヘヨ 大きいです 커요 コヨ
□ 原形 小さい 작다 チャクタ	□ ヘヨ 小さいです 작아요 チャガヨ

「遅い」の形容詞、「遅れる」の動詞として2つの使い方がある。

原形	ヘヨ
□ 原形 多い 많다 マンタ	□ ヘヨ 多いです 많아요 マナヨ
□ 原形 少ない 적다 チョクタ	□ ヘヨ 少ないです 적어요 チョゴヨ
□ 原形 高い 높다 ノプタ	□ ヘヨ 高いです 높아요 ノパヨ
□ 原形 低い 낮다 ナッタ	□ ヘヨ 低いです 낮아요 ナジャヨ
□ 原形 （値段が）高い 비싸다 ピッサダ	□ ヘヨ （値段が）高いです 비싸요 ピッサヨ
□ 原形 安い 싸다 ッサダ	□ ヘヨ 安いです 싸요 ッサヨ
□ 原形 痛い 아프다 アプダ	□ ヘヨ 痛いです 아파요 アパヨ
□ 原形 親しい 친하다 チナダ	□ ヘヨ 親しいです 친해요 チネヨ
□ 原形 美味しい 맛있다 マシッタ	□ ヘヨ 美味しいです 맛있어요 マシッソヨ
□ 原形 悪い 나쁘다 ナップダ	□ ヘヨ 悪いです 나빠요 ナッパヨ

背の高さを表すときは「大きい」「小さい」の表現を使う。

つなぎの言葉

覚えると、会話の流れがわかりやすくなる!

そして □ 그리고 クリゴ	それで □ 그래서 クレソ
だから □ 으니까 / 니까 ウニッカ　ニッカ	したがって □ 따라서 ッタラソ
そうすると □ 그러면 クロミョン	そうしたところ □ 그랬더니 クレットニ
それから □ 그리고 나서 クリゴ　ナソ	しかし □ 하지만 ハジマン
それでも □ 그래도 クレド	～けど／～のに □ 는데 ヌンデ
なぜなら □ 왜냐하면 ウェニャハミョン	ところで □ 그런데 クロンデ
もしくは □ 혹은 ホグン	とにかく □ 그나저나 クナジョナ
そのうえ □ 게다가 ケダガ	続けて □ 이어서 イオソ

あいさつ

会話する相手に合わせて丁寧表現とタメ口を使い分けよう！

こんにちは。 ☐ 안녕하세요? アンニョンハセヨ	やぁ。 ☐ 안녕. アンニョン
お元気ですか？ ☐ 잘 지내세요? チャル チネセヨ	元気？ ☐ 잘 지내? チャル チネ
お久しぶりです。 ☐ 오랜만이에요. オレンマニエヨ	久しぶり。 ☐ 오랜만이야. オレンマニヤ
ご飯食べましたか？ ☐ 밥 먹었어요? パプ モゴッソヨ	ご飯食べた？ ☐ 밥 먹었어? パプ モゴッソ
(見送る人に)さよなら。 ☐ 안녕히 계세요. アンニョンヒ ゲセヨ	(去る人に)さよなら。 ☐ 안녕히 가세요. アンニョンヒ ガセヨ
じゃあね。 ☐ 잘 가. チャル ガ	お疲れ様です。 ☐ 수고하세요. スゴハセヨ
お疲れ様でした。 ☐ 수고하셨어요. スゴハショッソヨ	お疲れ。 ☐ 수고해. スゴヘ
また会いましょう。 ☐ 또 만나요. ット マンナヨ	また会おう。 ☐ 또 만나자. ット マンナジャ

ありがとうございます。 □ 감사합니다. カムサハムニダ	ありがとう。 □ 고마워요. コマウォヨ
ありがと。 □ 고마워. コマウォ	どういたしまして。 □ 별 말씀을요. ピョル　マルッスムルリョ
(お礼されたあとに) いえいえ。 □ 아니에요. アニエヨ	申し訳ありません。 □ 죄송합니다. チェソンハムニダ
ごめんなさい。 □ 미안합니다. ミアナムニダ	ごめんね。 □ 미안해. ミアネ
大丈夫です。 □ 괜찮아요. クェンチャナヨ	大丈夫。 □ 괜찮아. クェンチャナ
おやすみなさい。 □ 안녕히 주무세요. アンニョンヒ　チュムセヨ	おやすみ。 □ 잘 자. チャル ジャ
はじめまして。 □ 처음 뵙겠습니다. チョウム　プェプケッスムニダ	私は日本人です。 □ 저는 일본인이에요. チョヌン　イルボニニエヨ
会えてうれしいです。 □ 만나서 반가워요. マンナソ　パンガウォヨ	よろしくお願いします。 □ 잘 부탁해요. チャル　プタケヨ

memo

丁寧表現が多い韓国語

上下関係を重んじる韓国では、丁寧語の中でも度合いに応じて複数の表現があります。今回紹介した丁寧表現は自分と年の近い推しとやりとりをする想定でカジュアルなものを中心に集めました。

あいづち・返事

会話で頻出する言葉だから、聞き取れると楽しい！

はい。 □ 네. / 예. ネ　イェ 예は네よりもかしこまった表現。店の店員さんなどには네でOK。	いいえ。 □ 아뇨. アニョ
そうだね。 □ 그러게. クロゲ	よかったね。 □ 잘됐네. チャルドゥェンネ
そうだよね。 □ 맞아. マジャ	でしょ？ □ 그지? クジ
なるほど！ □ 그렇구나! クロクナ	さすが！ □ 역시! ヨクシ
どうしよう！ □ 어떡해! オットケ	どうりで。 □ 어쩐지. オッチョンジ
そのとおり。 □ 그니까. クニッカ	もしもし。 □ 여보세요. ヨボセヨ
あらまあ！ □ 어머! オモ	もちろん。 □ 그럼. クロム
わかった。 □ 알았어. アラッソ	ああ！ □ 아이고! アイゴ うれしいときやつらいとき、さまざまなシーンで使われる感嘆詞。

質問

応用すれば生配信の質問でも使える基本のフレーズ!

- □ 何 / 뭐 / ムォ
- □ 何の / 무슨 / ムスン
- □ 何～（数量） / 몇 / ミョッ
- □ なぜ / 왜 / ウェ
- □ いつ / 언제 / オンジェ
- □ 誰 / 누구 / ヌグ
- □ どこで / 어디서 / オディソ
- □ どれくらい / 얼마나 / オルマナ
- □ どっち / 어느 쪽 / オヌ ッチョク
- □ どんな / 어떤 / オットン
- □ ありますか?／いますか? / 있어요 ? / イッソヨ
- □ ありませんか?／いませんか? / 없어요 ? / オプソヨ
- □ どうですか? / 어때요? / オッテヨ
- □ いくらですか? / 얼마예요? / オルマエヨ
- □ なぜですか? / 왜요? / ウェヨ
- □ おいくつですか? / 나이가 어떻게 되세요? / ナイガ オットケ トゥェセヨ

人間関係

オッパやオンニは聞いたことがある人も多いのでは？

家族 □ 가족 カジョク	両親 □ 부모 プモ
夫婦 □ 부부 プブ	兄弟 □ 형제 ヒョンジェ
姉妹 □ 자매 チャメ	（男女の）兄弟 □ 남매 ナムメ
（父方の）祖父 □ 할아버지 ハラボジ	（父方の）祖母 □ 할머니 ハルモニ
父 □ 아버지 アボジ	パパ／お父さん □ 아빠 アッパ
（母方の）祖父 □ 외할아버지 ウェハラボジ	（母方の）祖母 □ 외할머니 ウェハルモニ
母 □ 어머니 オモニ	ママ／お母さん □ 엄마 オムマ
弟 □ 남동생 ナムドンセン	妹 □ 여동생 ヨドンセン

（男性から見た）兄／お兄さん ☐ 형 ヒョン	（男性から見た）姉／お姉さん ☐ 누나 ヌナ
（女性から見た）兄／お兄さん ☐ 오빠 オッパ	（女性から見た）姉／お姉さん ☐ 언니 オンニ
夫 ☐ 남편 ナムピョン	妻 ☐ 아내 アネ
息子 ☐ 아들 アドゥル	娘 ☐ 딸 ッタル
双子 ☐ 쌍둥이 ッサンドゥンイ	孫 ☐ 손자 ソンジャ
いとこ ☐ 사촌 サチョン	甥／姪 ☐ 조카 チョカ
大人 ☐ 어른 オルン	子ども ☐ 아이 / 어린이 アイ　オリニ 아이は自分の子どもを指すときにも使えるが、어린이は使えない。
赤ちゃん ☐ 아기 アギ 普段の会話では애기（エギ）を使うことが多い。	友達 ☐ 친구 チング

memo

家族以外にも使える呼び名

兄や姉の呼び名は家族だけではなく、親しい間柄の年上の男性や女性にも使うことができます。また、年上の男性と付き合っている女性が、相手を「オッパ」と呼ぶことも一般的です。

体

体型診断をするときにも使える基本単語！

体 □ 몸 モム	頭 □ 머리 モリ
髪の毛 □ 머리카락 モリカラク 머리（モリ）だけでも「髪の毛」の意味がある。	のど／首 □ 목 モク
肩 □ 어깨 オッケ	胸 □ 가슴 カスム
腹 □ 배 ペ	背中 □ 등 トゥン
腕 □ 팔 パル	肘 □ 팔꿈치 パルックムチ
手 □ 손 ソン	手の爪 □ 손톱 ソントプ 「足の爪」は발톱（パルトプ）。
足 □ 발 パル	腰 □ 허리 ホリ
お尻 □ 엉덩이 オンドンイ	骨格 □ 골격 コルギョク

顔

推しの顔の一部をほめるときにも使える!

顔 ☐ 얼굴 オルグル 「顔」の俗語は와꾸（ワック）。	ひたい ☐ 이마 イマ
眉 ☐ 눈썹 ヌンッソプ	目 ☐ 눈 ヌン
まつげ ☐ 속눈썹 ソンヌンッソプ	鼻 ☐ 코 コ
頬 ☐ 볼 ポル 「ほっぺた」は뺨（ッピャム）。	口 ☐ 입 イプ
えくぼ ☐ 보조개 ポジョゲ	唇 ☐ 입술 イプスル
歯 ☐ 이 イ	舌 ☐ 혀 ヒョ
あご ☐ 턱 トク	ひげ ☐ 수염 スヨム
耳 ☐ 귀 クィ	顔立ち ☐ 이목구비 イモックビ 直訳は「耳目口鼻」。

動物

アイドルは似ている動物に例えられることも！

動物 □ 동물 トンムル	犬 □ 개 ケ 「子犬」という意味の강아지（カンアジ）もよく使う。
猫 □ 고양이 コヤンイ	ウサギ □ 토끼 トッキ
シカ □ 사슴 サスム	ハムスター □ 햄스터 ヘムスト
リス □ 다람쥐 タラムジュィ	キツネ □ 여우 ヨウ
タヌキ □ 너구리 ノグリ	ヒヨコ □ 병아리 ピョンアリ
トラ □ 호랑이 ホランイ	ナマケモノ □ 나무늘보 ナムヌルボ
オオカミ □ 늑대 ヌクテ	ペンギン □ 펭귄 ペングィン
ライオン □ 사자 サジャ	恐竜 □ 공룡 コンニョン

性格

人の性格を表す表現を原形で紹介！

性格 □ 성격 ソンキョク	優しい □ 다정하다 タジョンハダ
陽気だ □ 명랑하다 ミョンナンハダ	大人しい □ 얌전하다 ヤムジョナダ
気さくだ □ 상냥하다 サンニャンハダ	気難しい □ 까다롭다 ッカダロプタ
無愛想だ □ 무뚝뚝하다 ムットゥクットゥカダ	図々しい □ 뻔뻔하다 ッポンッポナダ
間抜けだ □ 멍청하다 モンチョンハダ	臆病だ □ 겁이 많다 コビ　マンタ
傲慢だ □ 거만하다 コマナダ	生意気だ □ 건방지다 コンバンジダ
自分勝手だ □ 자유분방하다 チャユブンバンハダ	賢い □ 똑똑하다 ットクットカダ
明るい □ 밝다 パクタ	暗い □ 어둡다 オドゥプタ

キャラクター

あなたの推しは、一言で言えばどんなキャラクター？

甘えん坊 □ 애교쟁이 エギョジェンイ	愛されっ子 □ 사랑둥이 サランドゥンイ
かわいい子 □ 귀염둥이 クィヨムドゥンイ	怖がり屋 □ 겁쟁이 コプチェンイ
純粋っ子 □ 순둥이 スンドゥンイ	わんぱく □ 개구쟁이 ケグジェンイ
欲張り □ 욕심쟁이 ヨクシムジェンイ	嘘つき □ 거짓말쟁이 コジンマルジェンイ
ビビり □ 쫄보 ッチョルボ	泣き虫 □ 울보 ウルボ
いたずらっ子 □ 장난꾸러기 チャンナンックロギ	ツンデレ □ 츤데레 チュンデレ 日本語が語源。
バカ □ 바보 パボ	天然 □ 허당미 ホダンミ バラエティ番組で出演者につけられたあだ名が元。
お姫様病 □ 공주병 コンジュビョン 自分のことをお姫様だと勘違いしている人のこと。	ナルシスト □ 자뻑 チャッポク 「自」자（チャ）＋「ほれる」뻑가다（ッポッカダ）※俗語

感情

バラエティ番組でもよく使う感情表現を原形で紹介！

楽しい □ 즐겁다 チュルゴプタ	うれしい □ 기쁘다 キップダ
羨ましい □ 부럽다 プロプタ	幸せだ □ 행복하다 ヘンボカダ
悔しい □ 억울하다 オグラダ	イライラする □ 짜증나다 ッチャジュンナダ
驚く □ 놀라다 ノルラダ	びっくりする □ 깜짝 놀라다 ッカムッチャク ノルラダ
恥ずかしい □ 부끄럽다 プックロプタ	照れくさい □ 수줍다 スジュプタ
寂しい □ 외롭다 ウェロプタ	悲しい □ 슬프다 スルプダ
好きだ □ 좋아하다 チョアハダ	嫌いだ □ 싫어하다 シロハダ
つらい □ 괴롭다 クェロプタ	もどかしい □ 답답하다 タプタパダ

恋愛

恋愛ドラマでもよく聞く若者言葉も含めて覚えてみよう!

恋愛 □ 연애 ヨネ	恋人 □ 애인 エイン
愛 □ 사랑 サラン	同性愛 □ 동성애 トンソンエ
ボーイフレンド □ 남자 친구 ナムジャ チング 略語 남친 ナムチン	ガールフレンド □ 여자 친구 ヨジャ チング 略語 여친 ヨチン
男友達 □ 남자 사람 친구 ナムジャ サラム チング 略語 남사친 ナムサチン	
女友達 □ 여자 사람 친구 ヨジャ サラム チング 略語 여사친 ヨサチン	
元カレ □ 전 남자 친구 チョン ナムジャ チング 略語 전 남친 チョン ナムチン	
元カノ □ 전 여자 친구 チョン ヨジャ チング 略語 전 여친 チョン ヨチン	
一目ぼれ □ 첫눈에 반하다 チョンヌネ パナダ	片思い □ 짝사랑 ッチャクサラン

初恋 ☐ 첫사랑 チョッサラン	好みの人 ☐ 이상형 イサンヒョン
私のタイプ ☐ 내 스타일 ネ スタイル	嫉妬 ☐ 질투 チルトゥ
ナンパ ☐ 헌팅 ホンティン	デート ☐ 데이트 テイトゥ
告白 ☐ 고백 コベク	交際 ☐ 사귀다 サグィダ
キス ☐ 키스 キス カジュアルな言い方は뽀뽀(ッポッポ)。	日韓カップル ☐ 한일커플 ハニルコプル
失恋 ☐ 실연 シリョン	別れ ☐ 이별 イビョル
独身 ☐ 싱글 シングル	結婚 ☐ 결혼 キョロン

キュンとする韓国語特有の告白フレーズ

恋愛ドラマなどで聞く「今日から1日だ。」오늘부터 1일이다.(オヌルブト イリリダ)というセリフ。これは「今日が付き合い始めて1日目」という意味の告白フレーズです。定番の「私/僕と付き合おう。」나랑 사귀자.(ナラン サグィジャ)以外にも韓国語独特の恋愛フレーズを覚えると、ドラマがもっと楽しめるかも?

CHAPTER

7

韓国語の基本

韓国語ってどんな言語?

POINT

1 語順が日本語とほとんど同じ

韓国語は、日本語と語順がほとんど同じです。文は主語、目的語、述語という順番に並びます。そして名詞などの体言には助詞がつきます。

例

私は	トッポギ	を	食べます
저는	떡볶이	를	먹어요
チョヌン	ットクポッキ	ルル	モゴヨ

POINT

2 漢字が由来になっている言葉がある

韓国語は漢字由来の言葉が多いので、日本語と似ている発音のものもたくさんあります。そういった漢字由来の韓国語の単語を「漢字語」と呼びます。漢字語の読みを覚えると、ほかの単語の読み方も予想できるようになっていくのでとても便利です。

例　人気　인기（インキ）　気質　기질（キジル）　質問　질문（チルムン）

POINT

3 動詞や形容詞の活用が似ている

「食べる」の語幹は"食"です。そこから「食べる」「食べます」「食べました」と変形していくのは韓国語も同じ。ただし日本語と違い、辞書に書いてある原形（語幹＋다）のままでは使うことができないので気をつけましょう。

例

語幹	語尾		語幹	語尾
먹	다	→	食	べる
먹	어요		食	べます
먹	었어요		食	べました

ハングルって何？

ハングルとは、韓国語を表記するときに使う文字のことです。ハングルには母音と子音があり、その組み合わせで成り立っています。
例えば、ㄱ（k）という子音とㅏ（a）という母音を組み合わせると、가（ka）になります。ローマ字に似ていると考えるとわかりやすいでしょう。ハングルの組み合わせは基本的に4つのパターンがあります。

子音＋母音の組み合わせ

① ヨコの組み合わせ

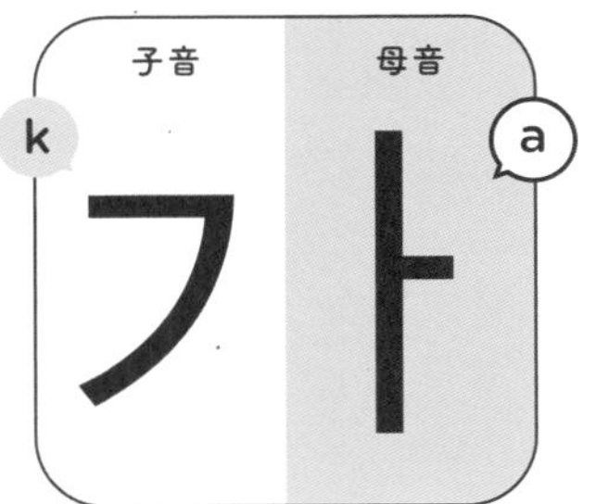

② タテの組み合わせ

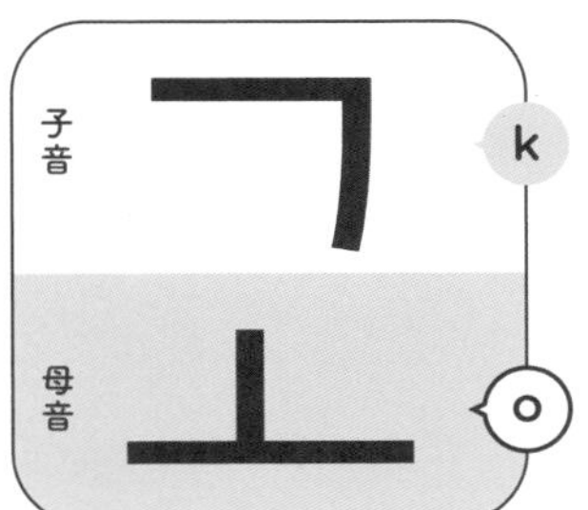

子音＋母音＋子音の組み合わせ

③ ヨコの組み合わせ

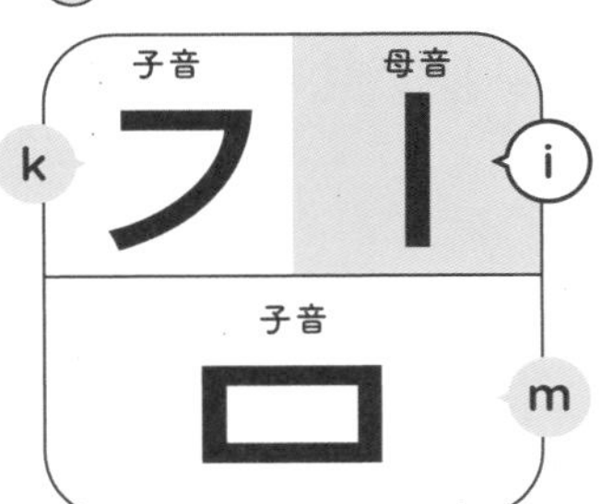

④ タテの組み合わせ

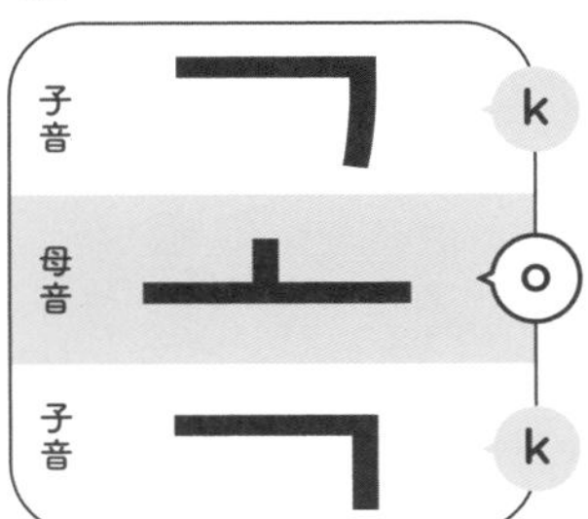

基本の母音は10文字

まずは基本の母音から！　基本の母音は10文字あります。音のない子音（無音）ㅇをつけた形で確認しましょう。なお、아（ア）に棒を1本足すと야（ヤ）、어（オ）に棒を1本足すと여（ヨ）になるように、形に注目すると覚えやすいものもあります。

아（ア） a	日本語の「ア」と同じ	例 아들（アドゥル） 息子 例 아침（アチム） 朝
야（ヤ） ya	日本語の「ヤ」と同じ	例 야구（ヤグ） 野球 例 야경（ヤギョン） 夜景
어（オ） eo	日本語の「ア」の口で「オ」	例 어학（オハク） 語学 例 어깨（オッケ） 肩
여（ヨ） yeo	日本語の「ア」の口で「ヨ」	例 여우（ヨウ） キツネ 例 여자（ヨジャ） 女

オ 오 o	日本語の「オ」と同じ	例 오늘（オヌル） 今日 例 오빠（オッパ） お兄さん
ヨ 요 yo	日本語の「ヨ」と同じ	例 요리（ヨリ） 料理 例 요즘（ヨジュム） 最近
ウ 우 u	日本語の「ウ」と同じ	例 우동（ウドン） うどん 例 우리（ウリ） 私たち
ユ 유 yu	日本語の「ユ」と同じ	例 유리（ユリ） ガラス 例 유산（ユサン） 遺産
ウ 으 eu	日本語の「イ」の口で「ウ」	例 으악（ウアク） わっ！ 例 으로（ウロ） 〜で
イ 이 i	日本語の「イ」と同じ	例 이（イ） 歯 例 이론（イロン） 理論

組み合わせた母音（合成母音）は11文字

基本の母音を組み合わせた母音のことを合成母音といいます。合成母音は11文字あります。難しく見えるかもしれませんが、母音と母音の足し算だと考えると、覚えやすくなるものもあります（★マークの文字をのぞく）。

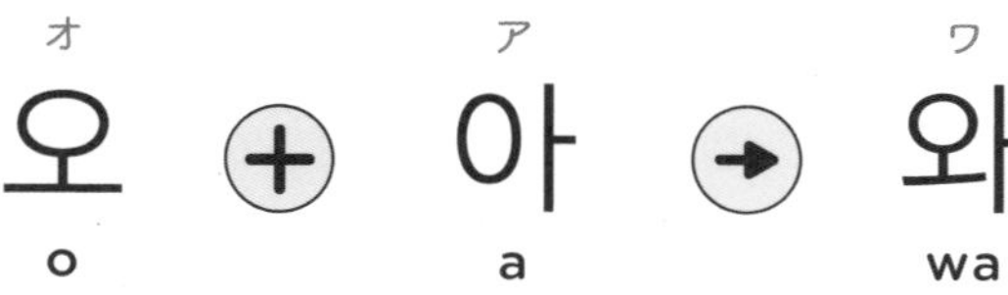

MEMO ｜「オ」のあとにすばやく「ア」を発音するとイメージしやすい

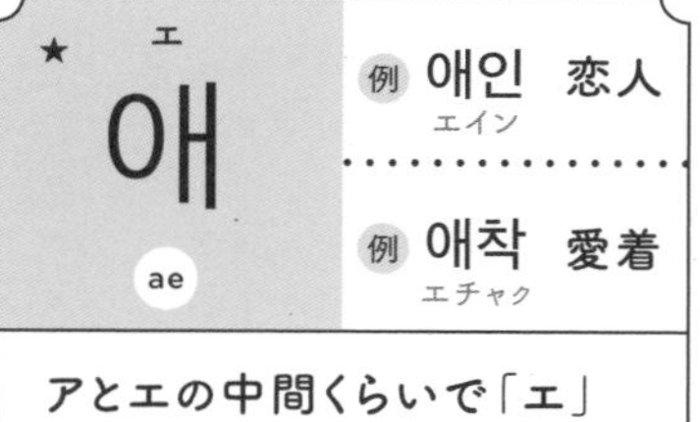

アとエの中間くらいで「エ」

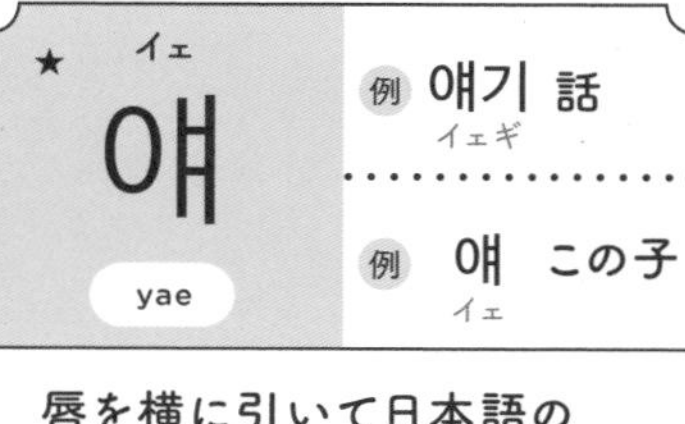

唇を横に引いて日本語の「イェ」

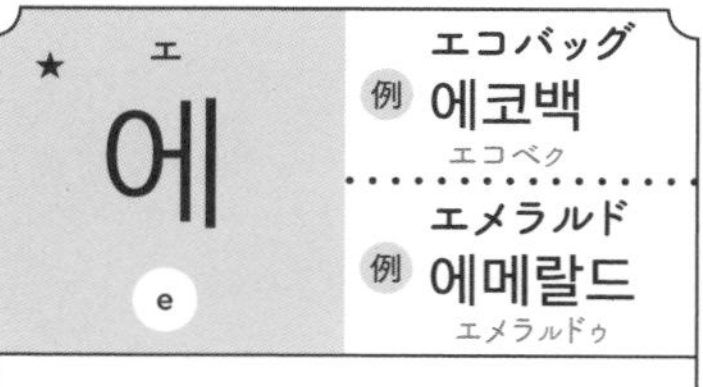

日本語の「エ」と同じ

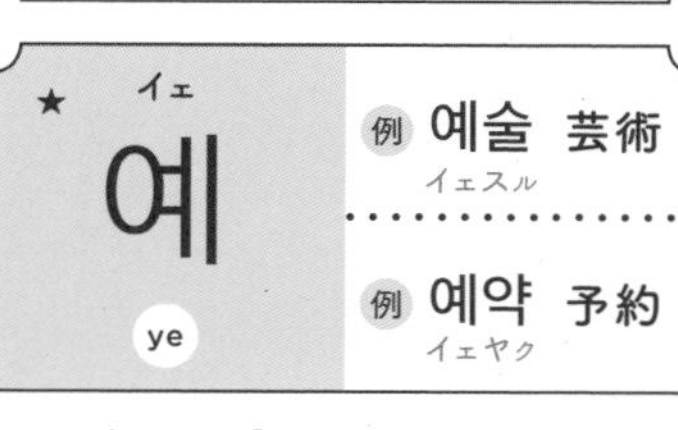

日本語の「イェ」と同じ

ワ
와
wa

例 ワイン 와인 ワイン

例 ワッフル 와플 ワプル

日本語の「ワ」と同じ

ウェ
왜
we

例 왜 ウェ なぜ

「オ」と「エ」を繋いで発音するように「ウェ」

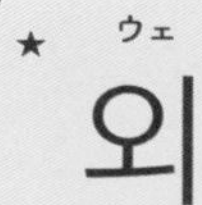

★ ウェ
외
we

例 외국 ウェグク 外国

例 외모 ウェモ 外見

日本語の「ウェ」と同じ

ウォ
워
wo

例 월급 ウォルグプ 月給

例 원고 ウォンゴ 原稿

「ウ」と「オ」を繋いで発音するように「ウォ」

ウェ
웨
we

例 ウェイター 웨이터 ウェイト

例 ウェディング 웨딩 ウェディン

「ウ」と「エ」を繋いで発音するように「ウェ」

ウィ
위
wi

例 위장 ウィジャン 胃腸

例 위치 ウィチ 位置

唇を前に突き出し「ウ」と「イ」を繋いで発音するように「ウィ」

ウィ
의
ui

例 의학 ウィハク 医学

口を横に開き「ウ」と「イ」を繋いで発音するように「ウィ」

※의はi(イ)やe(エ)と発音する場合もあります

基本の子音は10文字

基本の子音は10文字あります。母音のㅏ(a)をつけた形で確認しましょう。また、子音の応用として覚えてほしいのが激音と濃音です。

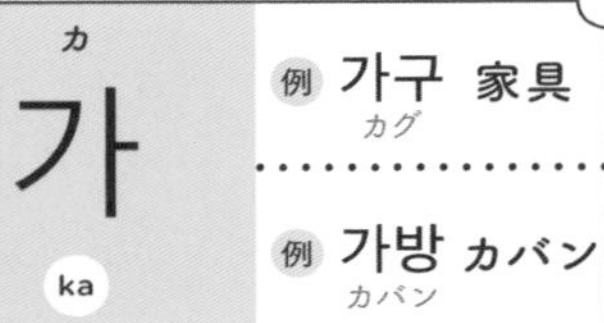

日本語の「カ」と同じ
語中では「ガ」になる

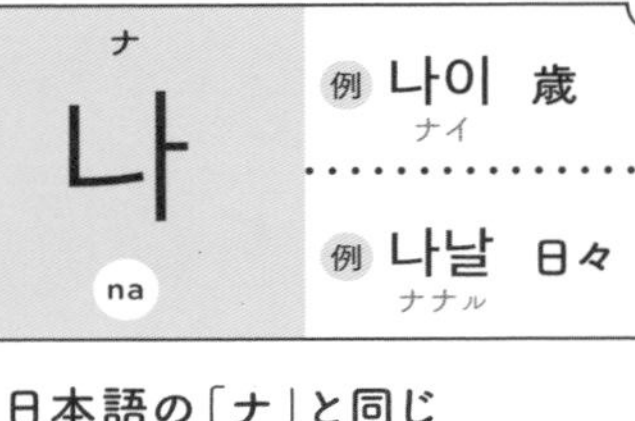

日本語の「ナ」と同じ

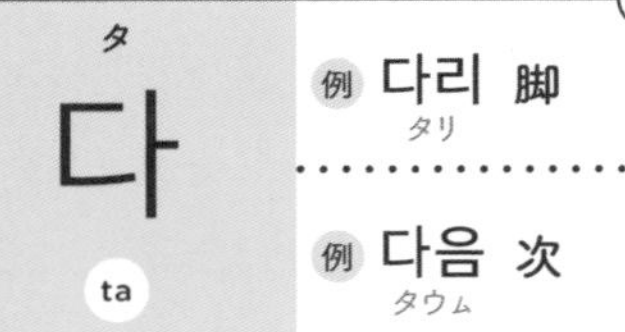

日本語の「タ」と同じ
語中では「ダ」になる

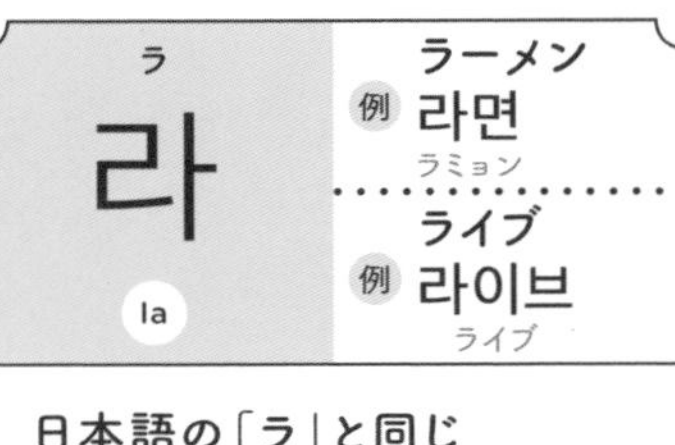

日本語の「ラ」と同じ

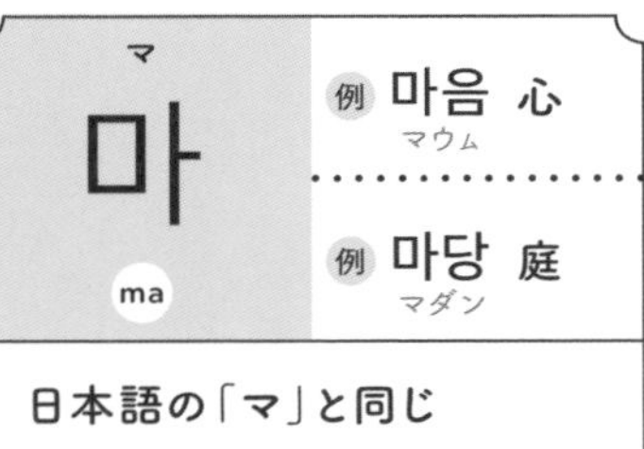

日本語の「マ」と同じ

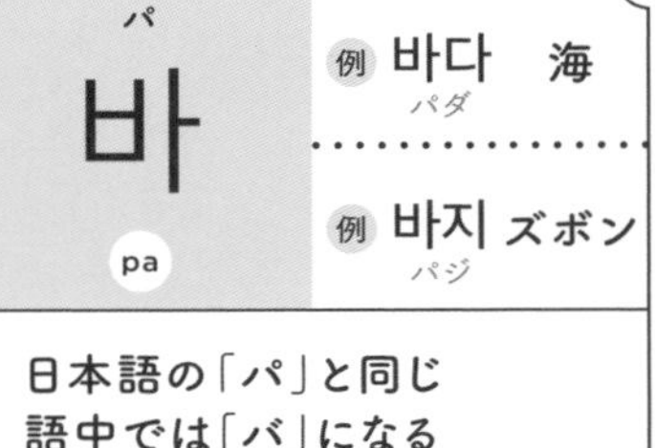

日本語の「パ」と同じ
語中では「バ」になる

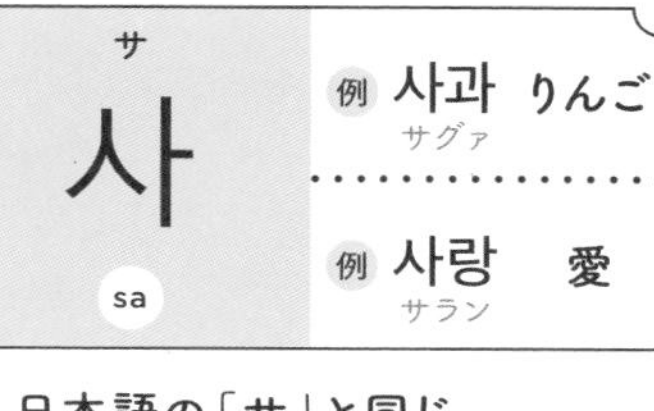

日本語の「サ」と同じ

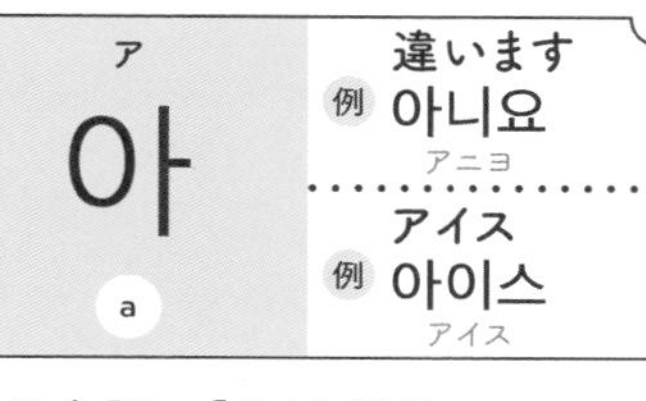

日本語の「ア」と同じ

日本語の「チャ」と同じ
語中では「ジャ」になる

日本語の「ハ」と同じ

激音（4文字）と濃音（5文字）

韓国語には激音と濃音という音があります。日本語にはない音なので、はじめは理解が難しいかもしれません。声を届かせる"方向"を意識しながら習得していきましょう。なお、激音の「h」は息を強く出すという意味で、「kha」などは「カハッ」というイメージです。

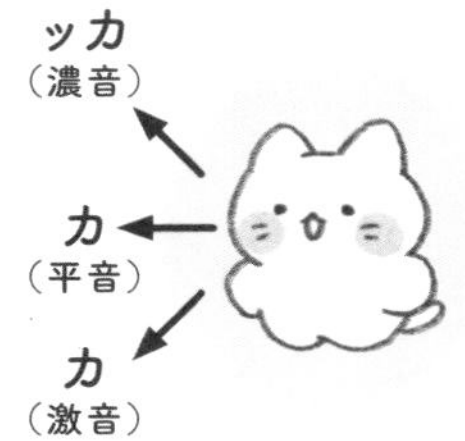

平音	가 ka	다 ta	바 pa	사 sa	자 cha
激音	카 kha	타 tha	파 pha		차 chha
濃音	까 kka	따 tta	빠 ppa	싸 ssa	짜 ccha
	真っ赤の「っか」	貼ったの「った」	かっぱの「っぱ」	マッサージの「っさ」	抹茶の「っちゃ」

パッチム

子音(左)＋母音(右)の形のハングルに2つ目の子音(下)がつくことがあり、その子音はパッチムと呼ばれます。パッチムは小さく発音するので、本書ではカタカナのルビを小さくしています。日本語にはない発音なので、集中して聞き取りましょう。

※「子音＋母音＋母音＋子音」のパターンもありますが、使われる文字の例は多くはありません

「子音＋母音＋子音」のパターン

○ヨコの組み合わせ

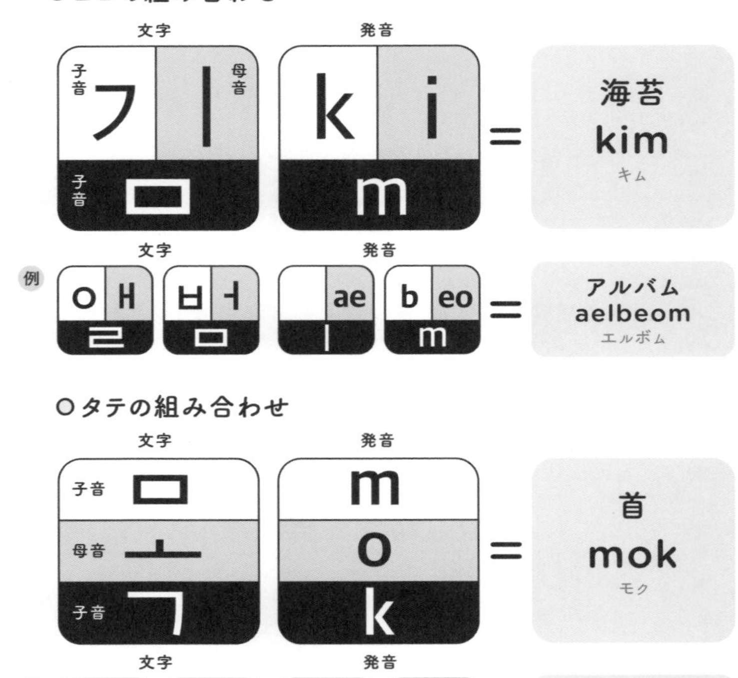

「子音＋母音＋子音＋子音」のパターン

2つの子音が続いている場合はどちらか一方を発音します。
※左右のパッチムが同じ「ㄲ」と「ㅆ」の場合は「ッ」と発音します

この3つだけ！
あとはすべて
左側を
発音します

○ 右側の子音を発音するもの

ㄺ　ㄻ　ㄿ

例
文字　発音

ㅅ ㅏ ㄹ ㅁ

＝

人生
sam
サム

○ 左側の子音を発音するもの

ㄳ　ㄵ　ㄶ　ㄼ　ㄽ　ㅀ　ㄾ　ㅄ

※「ㄼ」は右側を発音する場合もあります

文字　発音

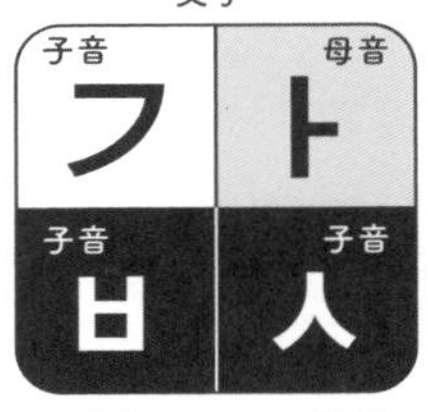

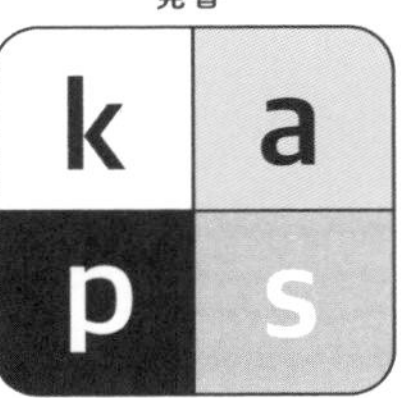

＝

例
文字　発音

＝

魂
neok
ノク

発音の変化

韓国語は表記されている音と実際の発音が異なる場合があります。パッチムにより音が変化するからです。
代表的な発音変化の法則を確認していきましょう。
※本書では読みやすさと発音のしやすさを考慮し、この法則によらない形で表記しているものもあります

POINT

① 有声音化

子音ㄱ,ㄷ,ㅂ,ㅈは、母音にはさまれているか、前にパッチムㄴ,ㅁ,ㄹ,ㅇがくると、濁って発音されます。

例 時間　シ＋カン 시간 shi+kan → シガン 시간 shigan （実際の発音）

POINT

② 連音化

パッチムのうしろに母音がくると、母音とパッチムが繋がって発音されます。

例 日本語　イル＋ボン＋オ 일본어 il + bon + eo → イルボノ 일보너 ilboneo （実際の発音）

POINT

③ 激音化

パッチムㄱ,ㄷ,ㅂ,ㅈの前後に子音ㅎがくると、そのパッチムの激音であるㅋ,ㅌ,ㅍ,ㅊと発音されます。

例 入学　イプ＋ハク 입학 ip + hak → イパク 이팍 iphak （実際の発音）

④ 濃音化

パッチムㄱ,ㄷ,ㅂのうしろに子音ㄱ,ㄷ,ㅂ,ㅈ,ㅅがくると、その子音の濃音であるㄲ,ㄸ,ㅃ,ㅉ,ㅆと発音されます。

例 食堂　シク + タン 식당 shik + tang → シクッタン 식땅 shikttang（実際の発音）

例 合格　ハプ + キョク 합격 hap + kyeok → ハプッキョク 합껵 hapkkyeok（実際の発音）

⑤ 鼻音化

パッチムㄱ,ㄷ,ㅂのうしろに子音ㄴ,ㅁがくると、パッチムㄱはㅇ、ㄷはㄴ、ㅂはㅁの発音に変化します。

例 国民　クク + ミン 국민 kuk + min → クンミン 궁민 kungmin（実際の発音）

⑥ ㅎの弱音化

パッチムㄴ,ㄹ,ㅁ,ㅇのうしろに子音ㅎがくるとき、もしくは、子音ㅎのうしろに母音がくるとき、ㅎはほとんど発音されません。

例 銀行　ウン + ヘン 은행 eun + haeng → ウネン 으냉 eunaeng（実際の発音）

例 良いです　チョッ + ア + ヨ 좋아요 chot + a + yo → チョアヨ 조아요 choayo（実際の発音）

CHAPTER 7 韓国語の基本

助詞

よく使う助詞を一覧で紹介します。一部の助詞は、その直前にくる文字にパッチムがあるかどうかで使い分けします。

意味	場面	パッチムなし	パッチムあり
～は		는 ヌン	은 ウン
～が		가 ガ	이 イ
～を		를 ルル	을 ウル
～の		의 エ	
～に	場所・時間	에 エ	
	人	에게 エゲ	
～に	人（話し言葉）	한테 ハンテ	
～から	人	에게서 エゲソ	
～から	人（話し言葉）	한테서 ハンテソ	
～から／～で	場所	에서 エソ	
～から	時間	부터 プト	
～まで		까지 ッカジ	
～で／～へ	手段・方向	로 ロ	으로 ウロ
～と	主に書き言葉	와 ワ	과 クァ
	話し言葉	랑 ラン	이랑 イラン
	話し言葉	하고 ハゴ	

memo 韓国語の助詞は、日本語とは使い方が違う場合もあります。例えば、「○○が好きです」の場合は、「가 / 이」ではなく「를 / 을」、「○○に会いました」という場合も「에게」ではなく「를 / 을」が使われます。また、「○○は何ですか」などの場合は、「는 / 은」ではなく「가 / 이」が使われます。上記の助詞を暗記するだけではなく、文法に沿った使い方を意識する必要があります。

よく使う文末表現

韓国語には日本語と同じように、「～です／ます」にあたる表現と、「パンマル」と呼ばれるタメ口表現があります。

POINT

1 ハムニダ体

使用場面 初対面の人、年上の人、スピーチ など

文末に「-니다」がつく表現。フォーマルな場面で使われる「～です／ます」にあたります。

例 愛しています 사랑합니다 サランハムニダ

POINT

2 ヘヨ体

使用場面 初対面の人、親しい年上の人 など

文末に「-요」がつく表現。ハムニダ体よりはやわらかい印象の「～です／ます」にあたります。普段の会話でよく使われます。

例 愛しています 사랑해요 サランヘヨ

POINT

3 パンマル

使用場面 友人、兄弟姉妹、年下の人 など

タメ口にあたるくだけた表現。韓国は上下関係を重視するので、使うときには注意が必要です。

例 愛してる 사랑해 サランヘ

ハングル一覧表（基本母音）

子音 母音	ㄱ	ㄴ	ㄷ	ㄹ	ㅁ	ㅂ	ㅅ	ㅇ	ㅈ
	k/g	n	t/d	r/l	m	p/b	s	無音/ng	ch/j
ㅏ	가	나	다	라	마	바	사	아	자
a	カ/ガ	ナ	タ/ダ	ラ	マ	パ/バ	サ	ア	チャ/ジャ
ㅑ	갸	냐	댜	랴	먀	뱌	샤	야	쟈
ya	キャ/ギャ	ニャ	ティャ/ディャ	リャ	ミャ	ピャ/ビャ	シャ	ヤ	チャ/ジャ
ㅓ	거	너	더	러	머	버	서	어	저
eo	コ/ゴ	ノ	ト/ド	ロ	モ	ポ/ボ	ソ	オ	チョ/ジョ
ㅕ	겨	녀	뎌	려	며	벼	셔	여	져
yeo	キョ/ギョ	ニョ	ティョ/ディョ	リョ	ミョ	ピョ/ビョ	ショ	ヨ	チョ/ジョ
ㅗ	고	노	도	로	모	보	소	오	조
o	コ/ゴ	ノ	ト/ド	ロ	モ	ポ/ボ	ソ	オ	チョ/ジョ
ㅛ	교	뇨	됴	료	묘	뵤	쇼	요	죠
yo	キョ/ギョ	ニョ	ティョ/ディョ	リョ	ミョ	ピョ/ビョ	ショ	ヨ	チョ/ジョ
ㅜ	구	누	두	루	무	부	수	우	주
u	ク/グ	ヌ	トゥ/ドゥ	ル	ム	プ/ブ	ス	ウ	チュ/ジュ
ㅠ	규	뉴	듀	류	뮤	뷰	슈	유	쥬
yu	キュ/ギュ	ニュ	ティュ/ディュ	リュ	ミュ	ピュ/ビュ	シュ	ユ	チュ/ジュ
ㅡ	그	느	드	르	므	브	스	으	즈
eu	ク/グ	ヌ	トゥ/ドゥ	ル	ム	プ/ブ	ス	ウ	チュ/ジュ
ㅣ	기	니	디	리	미	비	시	이	지
i	キ/ギ	ニ	ティ/ディ	リ	ミ	ピ/ビ	シ	イ	チ/ジ

※本書では読みやすさと発音のしやすさを考慮し、一覧表の発音とは異なる形で表記しているものもあります

ㅊ chh	ㅋ kh	ㅌ th	ㅍ ph	ㅎ h	ㄲ kk	ㄸ tt	ㅃ pp	ㅆ ss	ㅉ cch
차 チャ	카 カ	타 タ	파 パ	하 ハ	까 ッカ	따 ッタ	빠 ッパ	싸 ッサ	짜 ッチャ
챠 チャ	캬 キャ	탸 ティャ	퍄 ピャ	햐 ヒャ	꺄 ッキャ	땨 ッティャ	뺘 ッピャ	쌰 ッシャ	쨔 ッチャ
처 チョ	커 コ	터 ト	퍼 ポ	허 ホ	꺼 ッコ	떠 ット	뻐 ッポ	써 ッソ	쩌 ッチョ
쳐 チョ	켜 キョ	텨 ティョ	펴 ピョ	혀 ヒョ	껴 ッキョ	뗘 ッティョ	뼈 ッピョ	쎠 ッショ	쪄 ッチョ
초 チョ	코 コ	토 ト	포 ポ	호 ホ	꼬 ッコ	또 ット	뽀 ッポ	쏘 ッソ	쪼 ッチョ
쵸 チョ	쿄 キョ	툐 ティョ	표 ピョ	효 ヒョ	꾜 ッキョ	뚀 ッティョ	뾰 ッピョ	쑈 ッショ	쬬 ッチョ
추 チュ	쿠 ク	투 トゥ	푸 プ	후 フ	꾸 ック	뚜 ットゥ	뿌 ップ	쑤 ッス	쭈 ッチュ
츄 チュ	큐 キュ	튜 ティュ	퓨 ピュ	휴 ヒュ	뀨 ッキュ	뜌 ッティュ	쀼 ッピュ	쓔 ッシュ	쮸 ッチュ
츠 チュ	크 ク	트 トゥ	프 プ	흐 フ	끄 ック	뜨 ットゥ	쁘 ップ	쓰 ッス	쯔 ッチュ
치 チ	키 キ	티 ティ	피 ピ	히 ヒ	끼 ッキ	띠 ッティ	삐 ッピ	씨 ッシ	찌 ッチ

ハングル一覧表（合成母音）

子音 母音	ㄱ k/g	ㄴ n	ㄷ t/d	ㄹ r/l	ㅁ m	ㅂ p/b	ㅅ s	ㅇ 無音/ng	ㅈ ch/j
ㅐ ae	개 ケ/ゲ	내 ネ	대 テ/デ	래 レ	매 メ	배 ペ/ベ	새 セ	애 エ	재 チェ/ジェ
ㅒ yae	개 キェ/ギェ	내 ニェ	대 ティェ/ディェ	래 リェ	매 ミェ	배 ピェ/ビェ	새 シェ	애 イェ	재 チェ/ジェ
ㅔ e	게 ケ/ゲ	네 ネ	데 テ/デ	레 レ	메 メ	베 ペ/ベ	세 セ	에 エ	제 チェ/ジェ
ㅖ ye	계 キェ/ギェ	녜 ニェ	뎨 ティェ/ディェ	례 リェ	몌 ミェ	볘 ピェ/ビェ	셰 シェ	예 イェ	졔 チェ/ジェ
ㅘ wa	과 クァ/グァ	놔 ヌァ	돠 トゥァ/ドゥァ	롸 ルァ	뫄 ムァ	봐 プァ/ブァ	솨 スァ	와 ワ	좌 チュァ/ジュァ
ㅙ we	괘 クェ/グェ	놰 ヌェ	돼 トゥェ/ドゥェ	뢔 ルェ	뫠 ムェ	봬 プェ/ブェ	쇄 スェ	왜 ウェ	좨 チュェ/ジュェ
ㅚ we	괴 クェ/グェ	뇌 ヌェ	되 トゥェ/ドゥェ	뢰 ルェ	뫼 ムェ	뵈 プェ/ブェ	쇠 スェ	외 ウェ	죄 チュェ/ジュェ
ㅝ wo	궈 クォ/グォ	눠 ヌォ	둬 トゥォ/ドゥォ	뤄 ルォ	뭐 ムォ	붜 プォ/ブォ	숴 スォ	워 ウォ	줘 チュォ/ジュォ
ㅞ we	궤 クェ/グェ	눼 ヌェ	뒈 トゥェ/ドゥェ	뤠 ルェ	뭬 ムェ	붸 プェ/ブェ	쉐 スェ	웨 ウェ	줴 チュェ/ジュェ
ㅟ wi	귀 クィ/グィ	뉘 ヌィ	뒤 トゥィ/ドゥィ	뤼 ルィ	뮈 ムィ	뷔 プィ/ブィ	쉬 シュィ	위 ウィ	쥐 チュィ/ジュィ
ㅢ ui	긔 クィ/グィ	늬 ヌィ	듸 トゥィ/ドゥィ	릐 ルィ	믜 ムィ	븨 プィ/ブィ	싀 スィ	의 ウィ	즤 チュィ/ジュィ

※うすい文字部分は実際にはほとんど使われない文字です

ㅊ	ㅋ	ㅌ	ㅍ	ㅎ	ㄲ	ㄸ	ㅃ	ㅆ	ㅉ
chh	kh	th	ph	h	kk	tt	pp	ss	cch
채	캐	태	패	해	깨	때	빼	쌔	째
チェ	ケ	テ	ペ	ヘ	ッケ	ッテ	ッペ	ッセ	ッチェ
챼	컈	턔	퍠	햬	꺠	떄	뺴	썌	쨰
체	케	테	페	헤	께	떼	뻬	쎄	쩨
チェ	ケ	テ	ペ	ヘ	ッケ	ッテ	ッペ	ッセ	ッチェ
쳬	켸	톄	폐	혜	꼐	뗴	뼤	쎼	쪠
		ティェ	ピェ	ヒェ					
촤	콰	톼	퐈	화	꽈	똬	뽜	쏴	쫘
チュア	クァ			ファ	ックァ	ットゥア		ッスァ	ッチュア
쵀	쾌	퇘	퐤	홰	꽤	뙈	뽸	쐐	쫴
	クェ	トゥェ		フェ	ックェ	ットゥェ		ッスェ	ッチュェ
최	쾨	퇴	푀	회	꾀	뙤	뾔	쐬	쬐
チュェ	クェ	トゥェ	プェ	フェ	ックェ	ットゥェ		ッスェ	ッチェ
춰	쿼	퉈	풔	훠	꿔	뚸	뿨	쒀	쭤
チュォ	クォ	トゥォ		フォ	ックォ			ッスォ	ッチュォ
췌	퀘	퉤	풰	훼	꿰	뛔	쀄	쒜	쮀
チュェ	クェ	トゥェ		フェ	ックェ			ッスェ	
취	퀴	튀	퓌	휘	뀌	뛰	쀠	쒸	쮜
チュィ	クィ	トゥィ	プィ	フィ	ックィ	ットゥィ			
츼	킈	틔	픠	희	끠	띄	쁴	씌	쯰
		トゥィ		フィ		ットゥィ		ッスィ	

ハングルあいうえお表

あ	아	い	이	う	우	え	에	お	오
か	카	き	키	く	쿠	け	케	こ	코
さ	사	し	시	す	스	せ	세	そ	소
た	타	ち	치	つ（ちゅ）	츠	て	테	と	토
な	나	に	니	ぬ	누	ね	네	の	노
は	하	ひ	히	ふ	후	へ	헤	ほ	호
ま	마	み	미	む	무	め	메	も	모
や	야			ゆ	유			よ	요
ら	라	り	리	る	루	れ	레	ろ	로
わ	와			を	오			ん	ㄴ

が	가	ぎ	기	ぐ	구	げ	게	ご	고
ざ（じゃ）	자	じ	지	ず（じゅ）	즈	ぜ（じぇ）	제	ぞ（じょ）	조
だ	다	ぢ	지	づ（じゅ）	즈	で	데	ど	도
ば	바	び	비	ぶ	부	べ	베	ぼ	보
ぱ	파	ぴ	피	ぷ	푸	ぺ	페	ぽ	포

この一覧は、日本語の発音に近いハングルを五十音順に並べたものです。日本語の発音と同一ではありません。
また、その文字が語頭にくるか、語中にくるかで発音が変わる場合もあります。この表では、1文字のみで読むときの音を表記しています。

きゃ	캬	きゅ	큐	きょ	쿄
しゃ	샤	しゅ	슈	しょ	쇼
ちゃ	차	ちゅ	추	ちょ	초
にゃ	냐	にゅ	뉴	にょ	뇨
ひゃ	햐	ひゅ	휴	ひょ	효
みゃ	먀	みゅ	뮤	みょ	묘
りゃ	랴	りゅ	류	りょ	료

COLUMN 自分の名前をハングルで書いてみよう！

左ページの「ハングルあいうえお表」を参考にして、自分や推しの名前をハングルで書いてみましょう。

例 みお 미오 ： なの 나노

POINT

① 伸ばす音がつく場合

韓国語には、日本語のような伸ばす音は基本的にはありません。「佐藤（さとう）」を사토우と書いても間違いではありませんが、사토のほうがより韓国語らしい表記になります。

例 さとう 사토우 → 사토 ： しょう 쇼우 → 쇼

POINT

② 同じ音が続く場合

同じ音が続く場合も、伸ばす音と同じように考えてかまいません。ただ、例えば「大野（おおの）」と書きたいときは、「小野（おの）」と区別するために오오노と書いてもよいでしょう。

例 おおの 오오노/오노

POINT

③「っ」がつく場合

「っ」がつく場合は、ㅅパッチムを使います。

例 べっぷ 벳푸 ： りっか 릿카

POINT

④「ん」がつく場合

「ん」がつく場合は、ㄴパッチムを使います。

例 れん 렌 ： あんな 안나

index

か

す

せ

に

ぬ

ね

の

は

ひ

ふ

へ

ほ

ま

推し活に必ず役立つ ぴったり韓国語

2024年2月28日　初版発行
2024年7月20日　再版発行

著　宍戸 奈美
イラスト　さめない
発行者／山下 直久
発行／株式会社KADOKAWA
〒102-8177　東京都千代田区富士見2-13-3
電話0570-002-301（ナビダイヤル）
印刷所／大日本印刷株式会社
製本所／大日本印刷株式会社

●お問い合わせ
https://www.kadokawa.co.jp/（「お問い合わせ」へお進みください）
※内容によっては、お答えできない場合があります。
※サポートは日本国内のみとさせていただきます。
※Japanese text only

定価はカバーに表示してあります。

ISBN 978-4-04-897694-7　C0087